재미있게 제대로 21
블랙홀까지 달려가는
판타스틱 우주 교실

스테파노 산드렐리 글 | 일라리아 파치올리 그림 | 황지민 옮김

1판 1쇄 펴낸날 2014년 7월 15일 | **1판 10쇄 펴낸날** 2024년 3월 5일 | **펴낸이** 이충호 | **펴낸곳** 길벗어린이㈜
등록번호 제10-1227호 | **등록일자** 1995년 11월 6일 | **주소** 04000 서울시 마포구 월드컵북로 45 에스디타워비엔씨 2F
대표전화 02-6353-3700 | **팩스** 02-6353-3702 | **홈페이지** www.gilbutkid.co.kr | **편집** 송지현 임하나 황설경 박소현 김지원
디자인 김연수 송윤정 | **마케팅** 호종민 신윤아 이가윤 최윤경 김연서 강경선 | **경영지원본부** 이현성 김혜윤 전예은
ISBN 978-89-5582-297-7 73440 | **제조국명** 대한민국

In viaggio per l'universo
Copyright © Giangiacomo Feltrinelli Editore, 2009
First published as In viaggio per l'universo in October 2009 by Giangiacomo Feltrinelli Editore, Milan, Italy
Illustrations copyright © Ilaria Faccioli, 2009
Korean Translation copyright © Gilbut Children Publishing Co., Ltd, 2014
All rights reserved.
This Korean edition was published by arrangement with Giangiacomo Feltrinelli Editore through Shinwon Agency.

이 책의 한국어판 저작권은 신원 에이전시를 통해 저작권자와 독점 계약한 길벗어린이㈜에 있습니다.
저작권법에 따라 한국 내에서 보호를 받는 저작물이므로 무단 전재와 복제를 금합니다.

스테파노 산드렐리 글 | 일라리아 파치올리 그림

황지민 옮김 | 이석영(연세대학교 천문우주학과 교수) 추천

길벗어린이

추천의 글

온 우주를 품는 기쁨을 누려 보길

이 책을 읽으면서 요즘 어린이들이 부럽다는 생각이 계속 들었다. 이렇게 흥미진진한 얘기를 이렇게 예쁜 책에 담아 주다니. 어릴 적, 케케묵은 누런 종이에 까만 글씨만 가득한 책을 읽으며 상상력만으로 우주를 색칠하던 우리 세대에겐 한없이 부러운 일이다.

빅뱅, 블랙홀, 백색 왜성 등 보통 사람의 상상을 뛰어넘는, 그러나 엄연히 과학적인 이야기가 담긴 이 책이 많은 어린이 독자들의 과학적 호기심을 자극할 것이 분명하다. 저 멀리 6000만 광년 거리에 있는 처녀자리 은하단에 외계인이 산다면, 그리고 그들이 우리 지구를 몰래 관찰하고 있다면, 그들은 지금 공룡이 호령하던 6000만 년 전 지구의 모습을 보고 있을 거라는 대목에서는 '이게 무슨 소릴까?' 하고 고개를 갸우뚱할 어린이들의 얼굴이 떠올라 나도 모르게 웃음이 나왔다.

천문학은 실험실에서 연구할 수 있는 학문이 아니라는 데에 어려움이 있다. 하지만 위에서 예를 든 것처럼 빛이 속도가 있어서 정보를 전달하기까지 시간이 걸린다는 바로 그 제약 때문에 누리는 혜택도 크다. 천문학자들은 6000만 년 전의 처녀은하단, 50억 년 전의 초신성, 100억 년 전에 탄생한 은하, 심지어 137억 년 전 우주가 방출한 최초의 빛도 바로 오늘, 우리가 있는 이 자리에서 생생하게 관찰할 수 있다.

천문학에서는 워낙 거대한 천체를 연구하다 보니 큰 숫자를 다룬다. 지구에서 태양까지의 거리는 1억 5000만 킬로미터인데, 천문학자들에게 이 거리는 너무 가까워서 보통은 이보다 6만 배 큰 1광년을 거리의 기본 단위로 사용한다. 지구에서 가까운 별이 4광년, 우리 은하의 짝꿍 안드로메다은하가 250만 광년, 내가 주로 연구하는 은하는 최소한 10억 광년 이상 떨어져 있으니 이쯤에서 보통 사람들은 '천문학적' 숫자의 위용에 고개를 젓는다. 한 가지 확실한 것은, 어린이 독자들이 이 책을 다 읽은 뒤 우주를 품을 수 있을 정도로 대범해질 것이라는 사실.

이 책에 흩어져 있는 유머도 재미를 더한다. '지구를 향해 돌진하는 소행성을 발견하면 어떻게 해야 할까?'라는 질문에, '아! 그럼 인류도 끝장이구나. 6000만 년 전 공룡들처럼. 로켓을 쏴서 격추시킬까?'라고 생각하는 내게 '일단은 집에 있는 코코아를 다 마셔야지.'라고 말하는 안나의 귀여운 답이 내 얼굴에도 상큼한 미소를 머금게 한다.

한숨에 다 읽은 이 책을 동심을 품은 모든 이들에게 권한다.

연세대학교 천문우주학과 교수
이석영

차례

01
태양 그리고 별들

추천의 글 4

작가의 말 133
여행 중에 만났던 별들 134
찾아보기 136

야호, 출발이다! 11

천문학 & 점성술 15

와, 태양도 별이라고? 20

환하게 빛나는 태양의 일생 26

엄청나게 큰 적색 거성 30

빵! 초신성 36

우리는 별의 아이들 40

블랙홀만큼이나 배가 고파 45

은하계 왕국

오, 이 멋진 하늘을 좀 봐 52

빛이 일 년 동안 간 거리 62

짠! 은하계가 탄생했어요 65

별들이 모여 사는 은하수 68

별과 태양계의 탄생 이야기 71

은하 제국을 함께 살펴볼까? 76

빅뱅에서 태어난 자손들 80

은하는 이렇게 만들어졌어요 86

태양계

왜 태양계라고 부를까? 90

행성 그리고 왜행성 94

소행성 무리 97

꼬리가 긴 혜성 100

지구에 생명체가 탄생하기까지 107

화성 110

화성에 진짜 운하가 있을까? 112

태양계의 크기는 얼마나 될까? 115

고속도로 위에 태양계가 있다고 상상해 보자 118

달 이야기 124

남은 이야기 128

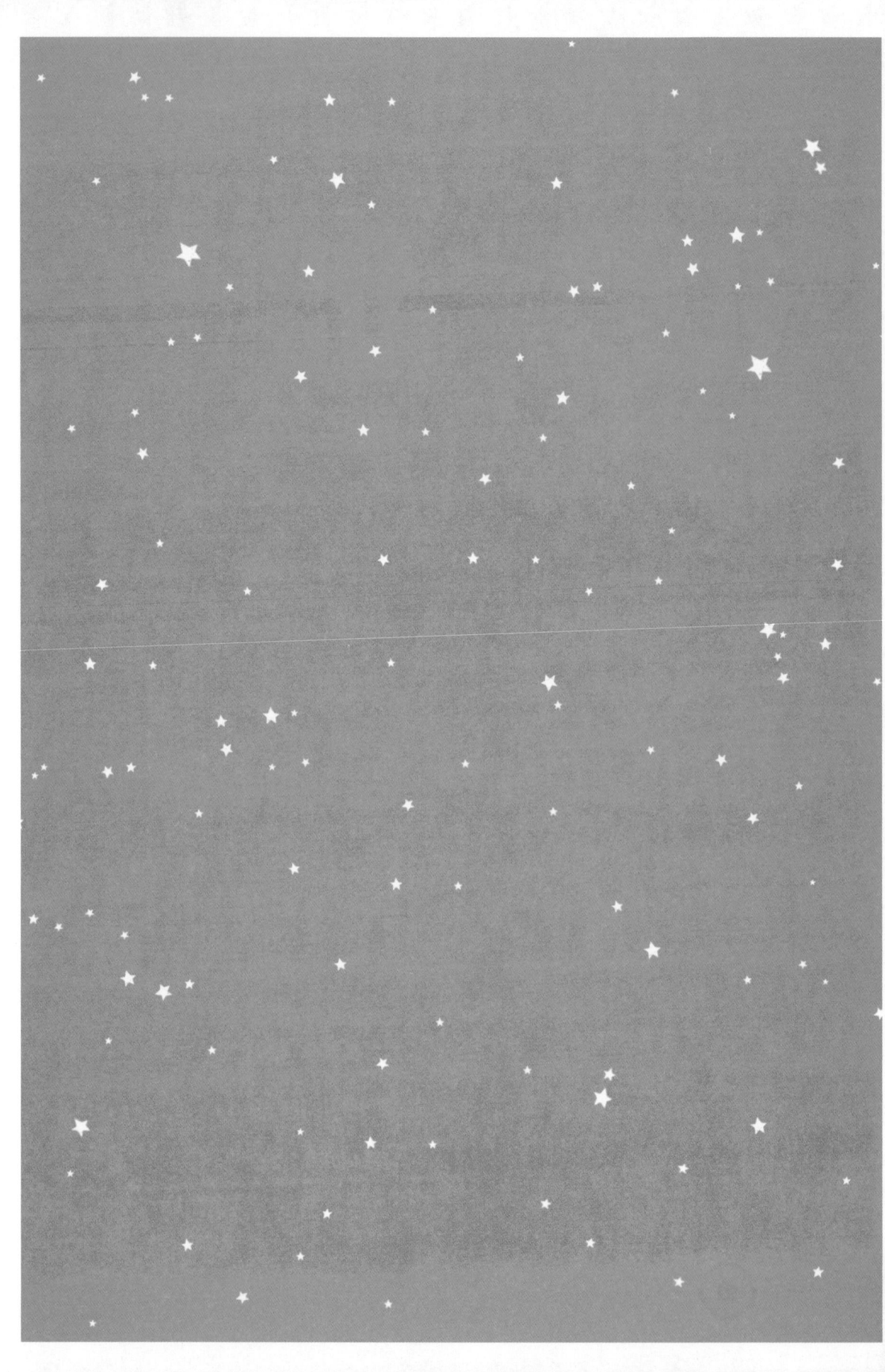

태양 그리고 별들

야호, 출발이다!

3월 12일 금요일

 카밀라 이모가 평소처럼 늦어서 다행이야. 아직 무엇을 가져가야 할지 정하지 못했거든. 이렇게 짧은 여행을 떠날 때는 짐을 싸기가 더 어려운 것 같아. 내 가방은 아직 빈 채로 방에 있어. 남동생 루카의 짐은 엄마가 이미 챙겨 두었지. 여덟 살이 되었으니 잠옷과 속옷, 양말 정도는 스스로 챙길 때가 됐는데 루카 양말을 좀 봐. 짝을 잃어버린 채 여기저기 흩어져 있어. 빨강 한 짝, 파랑 한 짝, 네모 무늬 한 짝, 동그라미 무늬 한 짝. 아빠보다 더 심한 것 같아. 아빠가 안경을 어디다 두었는지 깜빡하면 온 가족이 안경 찾기에 동원되어야 해!

 갑자기 자동차 멈추는 소리가 떠들썩하게 났어. 초인종이 울리자마자 카밀라 이모가 번개처럼 폭풍처럼 허리케인처럼 집으로 들어왔어. 분명 이모는 평소처럼 이모의 작은 자동차를 길에 버려두다시피 했을 거야. 곧 주차 위반 벌금 통지서가 날아올 거야. 분명히! 이모의 자홍색 자동차는 마치 꽃이 벌을 끌어들이는 것처럼 경찰을 끌어들여. 이모는 자기 자동차를 '로제타'라고 불러. 로제타는 소행성과 혜성을 연구하기 위해 유럽 우주 기구가 쏘아 올린 탐사선의 이름이야. 이모는 인사할 틈도 주지 않고 내 가방에 거울과 립글로스 등을 닥치는 대로 마구 쑤셔 넣고, 루카와 루카의 분재까지 휙 낚아챘어.
 정확히 7시 40분, 우리는 출발할 준비를 마쳤어. 나는 아주 커다란 책

한 권만 챙겼는데, 제목도 확인하지 못했어.

"서둘러서 미안하구나!" 이모가 말했어. "이렇게 서두르지 않으면 화성을 못 볼 수도 있거든." 맞아. 우리 이모는 천문학자야. 정확히는 천체물리학자지. 이모는 금발에 곱슬머리이고 스물일곱 살이야. 엄마보다 열 살이 어려. 루카는 이모가 천문학 박사라는 것을 안 순간부터 이모가 외계인들을 치료하는 의사라고 믿고 있어. 우주의 수의사 같은 거라고 여기는 거지. 이모가 백 번도 넘게 자기는 의학이 아니라 물리학을 전공했다고 설명했지만 소용없었어.

"화성이라니, 그게 무슨 말이야?" 루카가 반항하는 투로 물었어.

"차에 타면 알게 될 거야." 우리를 로제타의 뒷좌석, 가방과 책과 노트북 사이에 앉히면서 이모가 대답했어.

우리 일정은 이래. 오늘은 밀라노에서 할아버지 할머니가 계시는 피옴비노까지 갈 거야. 내일은 하루 종일 심심하게 지낼 것 같아. 일요일 저녁에는 밀라노로 돌아올 거야. 덕분에 엄마 아빠는 이번 주말 자유 시간을 얻었어! 저기 행복에 겨운 표정으로 인사하는 두 분의 모습을 좀 봐. 엄마 아빠는 작년에 우리를 이모와 함께 로마에서 레체까지 가는 비행기에 태워 보내기도 했어. 물론 하늘에서 바라본 광경은 멋졌어. 쉴 새 없이 이어지던 이야기도 즐거웠어. 아빠가 베란다에서 우리에게 인사하다가 안경을 바닥에 떨어뜨리던 모습도 잊지 못할 거야. 얼마나 우습던지.

카밀라 이모가 시동을 걸었어. 이제 출발이야! 뒷거울로 보니 아빠의 안경이 또 길에 떨어졌어.

이로써 모든 게 정상이야. 그러니까, **출발!**

다음 장으로 넘기면 우리의 여정을 볼 수 있어!

천문학 & 점성술

"친애하는 우리의 우주 박사 이모." 첫 번째 신호를 받기도 전에 루카가 장난스럽게 웃으며 말했어. "별들이 이번 주말은 어떨 거래? 운세 한 번 봐 줘!"

루카는 이모를 화나게 하는 데에 딱 두 가지 방법이 있다는 걸 아주 잘 알고 있어. 하나는 이모의 남자 친구가 또 바뀌었는지 물어보는 거고, 다른 하나는 운세를 봐 달라고 하는 거야. 바로 지금처럼. 그런데 오늘 저녁에는 이모가 기분이 좋은 게 틀림없어. 평소보다 운전도 잘하는걸.

"내가 점성술사가 아니라 천문학자라는 걸 알면서도 놀리는 거지? 오늘날의 점성술사는 사람들에게 환상을 팔며 돈만 챙기는 거짓말쟁이나 다름없어. 점성술이 역사가 굉장히 오래되었을 뿐 아니라 천문학과도 긴밀하게 연결되어 있다는 사실을 생각하면 매우 안타까운 일이지. 전기와 형광등이 없는 세상에 산다고 상상해 봐. 밤이 아주 깜깜했을 거야. 해가 저물고 나면 어둠 속에서 밝게 빛나는 헤드라이트처럼 별과 행성, 그리고 달이 나타나겠지. 이런 세상에서는 우리 위의 우주를 느끼기가 쉬울 거야. 몇천 년 전에 하늘은 사람들이 몰두하던 자연환경의 일부였어. 별들을 관측하고, 연구하고, 계절의 변화에 따른 움직임을 살피는 일이 아주 자연스러웠지. 고대 그리스에서 '천문학'은 '별을 식별하고, 기준에 따라 분류하고 이름을 붙이는 일'을 뜻했어."

　불현듯 별을 처음 발견한 사람이 그 별에 자기 이름을 붙일 수 있다고 어디선가 읽은 기억이 났어. 이모가 말한 게 바로 이런 뜻이겠지? 우아! 우주 어딘가에 내 이름을 붙일 수 있는 별도 있지 않을까? 근데 웬걸, 이모가 이런 기대를 곧바로 산산조각 내 버렸어.

　"그런 이야기가 아니야. 각각의 별을 알아보도록 신분증을 주는 일과 비슷해. 안나와 루카라는 이름이 너희를 알아보게 하잖니. 너희가 누구인지 더 확실하게 하려면 성과 생일, 태어난 곳까지 알아야겠지. 별들도 마찬가지란다. 하루 하루 지날 때마다 하늘에서 별의 위치가 어떻게 달라지는지를 정확하게 알아내야 해. 별을 관측하고 위치를 기록하는 일, 범주에 따라 나누고 식별하는 일. 몇 세기 동안 천문학이란 바로 이런 거였어."

　"이모……. 너무 지루해! 정말 죽을 만큼 따분했겠어!" 루카가 외쳤어.

고대인들은 하늘을 몇 시간씩 관측했어. 추운 밤중에 야외에서 말이야!

"별을 관측하는 일은 때때로 진짜 목숨을 내놓아야 하는 것이었어. 1000년 전 천문학자들에게는 지금처럼 따뜻한 패딩 점퍼나 담요, 대형 망원경이 없었어. 가끔은 아주 추운 날씨에 밖에서 하늘을 바라보고 있다가 파리처럼 죽기도 했단다!" 이모는 이렇게 말하며 왼편에 있는 고속도로를 향해 빠르게 핸들을 꺾었어. 그 바람에 루카가 신음을 내며 분재와 함께 옆으로 넘어졌어.

"조금 과장해서 말하긴 했지만 추운 나라에서는 실제로 그런 위험이 있었지. 또 대단한 인내심이 필요한 일이었기 때문에 너희 말처럼 지루했을 수도 있고. 하지만 별을 관측하는 일은 쓸모가 많았어. 일단 중요한 별들을 식별하고 나면 별을 이용해 시간이 얼마나 지났는지, 씨는 언제 뿌리고 언제 수확할지, 또 길을 어떻게 찾을지를 알 수 있었지. 고대 사회에서는 계절에 따른 별들의 움직임을 이해하는 일이 꼭 필요했어. 그래서 천문학자들은 매우 중요한 사람들이었고, 귀한 대접을 받았단다.

　사실 고대 사회에서는 모든 사람이 조금씩은 천문학 지식이 있어야 했어. 그래서 과학인 천문학 말고도 점성술이 탄생할 수 있었던 거야. 점성술은 천체의 움직임이 인간에게 어떤 영향을 주는지를 연구해. 물론 점성술이 과학은 아니지."

　"그럼 천문학이랑 점성술이 어떻게 달라?" 루카가 물었어.

　"고대인들은 별들이 가득한 하늘이 자연의 일부라는 것을 잘 알고 있었어. 그리고 자연이 완전히 믿을 만한 게 아니라는 것도 알고 있었지. 자연은 동물이나 식물, 인간을 먹여 살리는 비를 내려 주지만 동시에 홍수와 같은 어려움도 주고, 비옥한 땅을 주는가 하면 건조한 사막과 늪, 화산도 주지. 또 우리가 숨 쉬는 공기와 독성이 있는 가스를 동시에 주잖니. 밤하늘은 어둡고 신비로워서 더욱 믿기 힘든 존재였지. 고대인들은 생명뿐 아니라 죽음도 끝없는 밤하늘과 연관이 있다고 믿었어. 그래서 점성술을 만들었어. 별을 보고 땅에서 무슨 일이 벌어질지 예측하려 한 거지. 과학자 케플러와 갈릴레이도 점성술과 관련이 깊었어. 그러다 시간이 흐르면서 사람들은 행성과 별이 인간의 운명에 아무 영향도 끼치지 않는다는 걸 깨달았어. 마침내 과학자들은 점성술이 아무 가치도 없다고 믿게 되었단다. 하지만 여전히 아침마다 별자리 운세를 보는 과학자도 있기는 해."

　"이모는 무슨 별자리야?" 내가 물었어.

"양자리. 참 안 어울리지 않니?" 이모가 크게 웃으며 대답했어.

"이모, 내 생각에는 이모가 틀린 것 같아. 어떤 천체들은 우리에게 영향을 주기도 해."

"똑똑한 척하기는!" 루카가 말했어. "뭐 어떤 게 있는데?"

"글쎄, 우선 태양!" 내가 의기양양하게 대답했어. "태양은 별이고 지구의 생물들한테 꼭 필요해. 우리에게 환한 빛을 주고 바닷물에도 영향을 주잖아."

"맞는 말이야. 또 우리에게 영향을 주는 천체에는 뭐가 있을까?" 이모가 물었어. "루카도 아마 알고 있을 텐데. 바다의 썰물과 밀물에 대해 생각해 봐."

"당연히 달이지." 동생이 입을 채 열기도 전에 내가 선수를 쳤어. "또 다른 것도 있어!"

"뭔데?" 고속도로에 진입하면서 이모가 물었어.

"지구!"

"어찌 보면 네 말도 일리가 있어. 지구는 행성이고, 그 위에서 살면서 자원을 이용하는 우리에게 많은 영향을 미치지. 안나, 훌륭해! 하지만 지구는…… 지구에 있는 거잖아. 천체란 하늘에 있는 것을 가리키는 거야."

"하늘에 있지는 않지만, 지구도 별이나 다른 행성과 마찬가지로 우주의 한 부분이야." 루카가 자신의 분재를 둘 장소를 찾으면서 말했어.

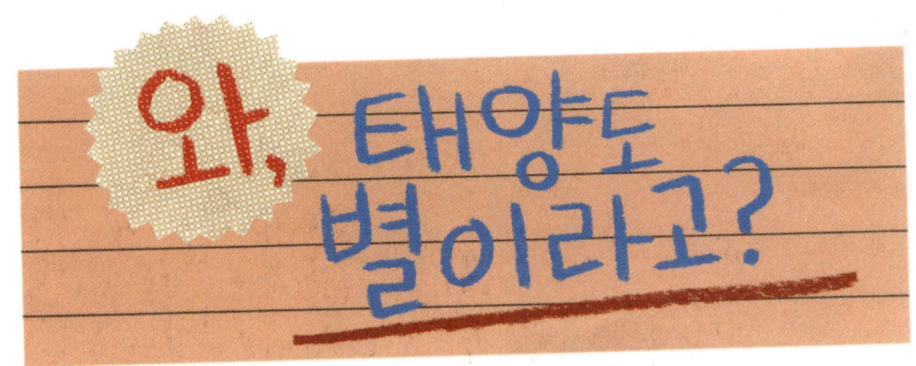

와, 태양도 별이라고?

세상에 딱 한 가지 피해야 할 게 있다면 그건 바로 금요일 저녁에 밀라노 고속도로를 타는 일이야. 온 우주의 차들이 모여 어마어마한 교통 체증을 빚기 때문이지. 우리의 로제타도 거기에 합세한 꼴이 됐어.

"이모, 그런데 천문학자들이 태양도 연구해?"

루카가 분재의 잎을 어루만지며 주위를 두리번거리다가 물었어.

"그럼. 태양도 별이란다. 그것도 지구와 가장 가까운 별이지."

"하지만 태양은 낮에 뜨고 별들은 밤에 뜨잖아. 태양은 주황색인데 별들은 하얗고. 또 태양은 둥글잖아. 별들도 둥글어?"

루카가 완전히 바보는 아니라는 걸 인정해야겠어.

"그게 말이다. 태양이 다른 별들과 다름없다는 사실을 이해하는 게 쉽지는 않았어. 과학자들은 1800년대 중반에야 태양과 별의 본질이 같다고 확신할 수 있었지. 거기에는 이탈리아에서 발달했던 분광학이라는 학문의 도움이 컸단다. 150년이 굉장히 긴 시간처럼 느껴질 수도 있지만, 천문학이 몇천 년 전에 시작된 것을 생각하면 이 발견이 얼마나 최근에 이루어진 것인지 알 수 있어. 오늘날 우리 천문학자들은 태양이 무엇이고 어떻게 활동하는지를 잘 이해하고 있어. 태양은 우주에서 아주 흔한 별이야. 실망했니?"

"음, 그렇게 이야기하니까 태양이 꼭 하찮은 별처럼 느껴져." 진짜로 실망한 건 아니지만 이모에게 장단을 맞추려고 내가 대답했어.

"아니야, 그렇지 않아. 흔하다고 해서 하찮은 건 아니지. 어쨌든 태양은 특별한 별이야. 지구에 가까이 있는 단 하나의 별이지. 만약 태양까지 한 걸음에 갈 수 있다고 치면 그 다음 가까운 별까지는 가만있자……. 계산을 좀 해 볼까?"

"100걸음?" 루카가 말했어.

"1000걸음?" 루카보다 더 큰 숫자를 말하려고 나도 외쳤어.

"내 계산이 틀리지 않았다면, 대략 27만 걸음이 되겠구나. 27만 걸음을 걸어 본 적이 있니? 약 140킬로미터나 되는 거리란다."

27만 걸음 = 140 Km

"그러니까 지구와 태양 다음으로 가까운 별이 태양보다 27만 배나 더 먼 곳에 있다는 뜻이야?" 내가 깜짝 놀라서 물었어.

"응, 응, 응." 휘파람을 불듯이 이모가 대답했어. 라디오에서 음악 방송을 찾으며 말이지. "맨눈으로는 별들이 어떻게 생겼는지 알아볼 수 없어. 너무 멀리 있어서 크기를 가늠하기도 어려워. 하지만 허블 망원경 같은 도구를 통해 보면 별은 태양과 마찬가지로 공처럼 둥글게 생겼단다. 색깔도 있지. 물론 다 같은 색은 아니야. 자, 루카야. 이모에게 뽀뽀해 줄래?" 이모가 라디오에서 흘러나오는 음악에 맞춰 노래를 부르듯이 말했어.

"이모가 이상해!" 루카가 나를 보며 말했어.

"영어로 말해 줄까? 'Oh, be a fine guy, kiss me!' 그러니까 '오, 멋진 사내여, 나에게 키스해 줘요!'라는 말이야. 이 문장에서 각 단어의 첫 번째 글자인 O, B, A, F, G, K, M은 파랑에서 빨강까지, 색깔이 다른 별들을 가리키는 말이야. 예를 들면 G형에 속하는 태양은 주황에 가까운 노란색을 띠지. 이 문장을 처음 쓴 사람은 1900년대 초반에 활동했던 애니 캐넌이라는 미국의 여성 천문학자야. 그녀는 역사상 가장 많은 별을 분류한 사람이었어. 23만 개 이상의 별들을 분류했지. 사실 원래 문장에서는 guy가 아니라 girl이었지만, 걸(girl)이든 가이(guy)든 게이(gay)든 아무튼 우리가 원하는 대로 부르면 돼. 어찌 되었든 g는 그대로이고 태양 색깔이 변하는 것도 아니니까! 대부분의 별은 태양처럼 G형에 속해. 이처럼 별들이 저마다 색깔이 있고, 그중 태양이 가장 흔한 색을 가진 것을 알게 되자, 천문학자들은 아주 간단한 질문에 대답해야만 했어. '그렇다면 별이란 결국 무엇인가? 어떻게 활동하는가? 어떻게 빛날 수 있는가?' 하는 거였지."

"별은 불타는 가스 공이야." 로제타가 겨우 몇 미터 앞으로 가는 사이 루카가 혼잣말처럼 말했어.

"그래, 아주 뜨거운 가스 공이라고 할 수 있어. 바깥쪽으로 갈수록 가스가 점점 없어져. 우리는 눈으로 태양의 표면, 즉 광구를 볼 수 있어.(절대로 태양을 마주 보면 안 돼. 눈이 망가져! 기억해. 진지하게 말하는 거야.) 광구의 온도는 무려 섭씨 6000도나 되는데, 이런 높은 온도에서는 물체가 고체 상태일 수 없어. 하지만 높은 온도 때문에 그런 색깔로 보이는 거야. 섭씨 6000도의 온도에서는 어떤 물질이든 태양 같은 빛깔을 낸단다. 수소든 철이든 초콜릿이든 말이야! 빛의 색깔은 오로지 온도가 결정해. 온도를 섭씨 3만 도까지 올릴 수 있다면 그 물체가 내는 빛은 진한 파란색일 거야. 가스의 온도를 바꾸면 O형에서 M형까지 모든 색깔을 표현할 수 있어." 속도를 줄이면서 이모가 계속 말했어.

"태양의 온도는 광구에서 내부로 들어갈수록 점점 높아져서 중심에 이르면 1500만 도에 달하게 돼!" 이모는 마치 하늘에 1500만 도가 있기라도 한 듯 핸들에서 손을 들어 올렸어. 왜인지는 모르겠지만 오늘은 이모가 조금 성가시게 느껴져. 이모가 너무 말이 많아서일까? 아니면 고속도로에 30분 넘게 서 있는 게 짜증이 나서일까?

"그렇게나 뜨거운지 어떻게 알아? 태양 안을 들여다볼 수는 없잖아!" 이모를 곤란하게 하려고 내가 물었어.

"좋은 질문이구나!" 갑자기 속도를 높이며 이모가 대답했어. "천문학자들은 지구를 비롯하여 태양계의 행성들이 태양보다 나중에 만들어졌다고 생각한단다. 태양이 지구보다 나이가 더 많은 거지. 지구의 특징을 연구하는 지질학자들은 우리 지구가 적어도 40억 살 이상은 먹었다고 이야기해. 따라서 태양은 적어도 45억 살 이상은 되어야 해. 그런데 문제는 태양이 빛난다는 거야. 너희도 아는 것처럼 빛을 내는 것은 무언가를 써서 없애기 마련이지. 성냥불은 나무를, 가스레인지 불은 메탄가스를, 전등은 전기 에너지를 소모하잖니.(부모님께 전기 요금이 얼마나 나오는지 여쭤 봐.)"

"반딧불이도 무언가를 소모해!" 루카가 끼어들었어. 잘난 척하기는! 루카가 분재 다음으로 좋아하는 게 반딧불이니까 그냥 둘 수밖에. 지난여름 저녁을 먹으러 바닷가에 갔다가 반딧불이를 봤는데 멋지긴 했어.

"그럼, 루카야. 반딧불이도 빛을 내기 위해 에너지를 소모하지." 이모가 동의해 줬어. "그건 태양도 마찬가지란다. 빛을 내면서 스스로를 소모하지. 태양이 빛을 얼마나 내뿜는지 아니? 이모는 그게 놀라워서 정확한 숫자를 기억하고 있어. 383 뒤에 무려 24개의 0을 붙여야 하지. 가정집의 전등 하나가 보통 50와트나 100와트를 소모해. 와트는 1초에 소모되는 전기 에너지를 측정하는 단위야. 1초 동안 태양이 내뿜는 에너지를 소모하기 위해서는 100와트짜리 전구가 400만 곱하기 10억 곱하기 10억 개쯤 있어야 해."

환하게 빛나는 태양의 일생

"100년 전 천문학자들한테는 풀어야 할 문제가 있었어." 이모가 이야기를 이어갔어. 로제타도 달리기 시작했지. "태양은 40억 년이 넘는 시간 동안 빛나고 있어. 태양이 그동안 엄청난 에너지를 내뿜었을 텐데 어떻게 완전히 소모되지 않았는지 알 수 없었지. 만약 태양이 보통 불이었다면 몇백만 년 만에 꺼져 버렸을 거야. 그 당시 물리학자들이 생각해 낸 이론을 따르더라도 태양은 벌써 몇십 억 년 전에 꺼져 버렸어야 해. 하지만 태양은 아직 저기 위에서 밝게 빛나고 있잖니? 따라서 학자들이 제시했던 가능성들은 다 틀린 것이었지. 그런데……." 앞서 가던 자동차가 급하게 멈추는 바람에 이야기가 끊겨 버렸어.

나는 이모가 운전하는 모습을 관찰하는 게 좋아. 이모는 갑자기 어떤 동작을 취해야 할 때 항상 흥분하거든. 차들이 다시 엉금엉금 기어가기 시작했어. 정말이지 고속도로는 너무 밀려!

고속도로 상황과 달리 이모는 더욱 빠르게 태양 이야기를 이어갔어. "마침내 1930년대에 '파니스페르나 거리의 젊은이들'이라는 젊은 과학자 집단 덕분에 원자가 어떻게 활동하는지 알게 되었어. 그러면서 조금씩 그 비밀을 벗길 수 있게 되었단다."

"이모, '젊은이'라고? 말도 안 돼. 분명히 나이들이 많았을 거야!" 나

엔리코 페르미

프랑코 라세티

에밀리오 세그레

에토레 마조라나

에도아르도 아말디

는 그만 웃음이 터졌어. 가끔 이모는 너무 흥분하는 바람에 무슨 말을 하는지도 모르는 것 같아.

"아니야, 정말로 젊은 사람들이었는걸. 우두머리 역할을 한 엔리코 페르미가 가장 나이가 많았는데 프랑코 라세티와 같이 30대 초반이었어. 에도아르도 아말디, 에밀리오 세그레, 에토레 마조라나는 이모랑 비슷한 나이였고, 브루노 폰테코르보는 20대 초반밖에 안 됐었단다. 그들은 파니스페르나 거리에 있던 로마 라사피엔차 대학교 물리학과에서 열정적으로 연구한 끝에 물질에 대해 어마어마한 발견을 할 수 있었어. 우리 뺨에서부터 내가 잡고 있는 자동차 핸들까지 모든 게 원자로 구성되어 있다는 걸 밝혀 낸 거야. 얼마나 놀라운 일인지! 감동적이야." 이모는 한 손을 눈으로 가져가면서 말했어. 진짜 감동 받아서 저러는 걸까?

"이해하렴. 사실 내 친구 대부분이 아직 직업이 없어서 불안정한 생활을 하고 있어. 운이 좋은 몇 명만 박사 과정을 밟고 있거나 장학금을 받으며 세계 곳곳에서 연구하고 있지. 그런데 젊은 리더가 이끌었던 파니스페르나 거리의 청년들은 정말 놀라운 발견을 했지 뭐니!"

"이모……. 그건 이모랑 이모 친구들이 그냥 덜 똑똑해서 그런 게 아닐까?" 루카가 말했어.

이모는 루카의 말을 못 들은 척하고 조용히 자동차의 속도를 높였어.

"1930년대가 되면서 원자와 핵반응에 대한 연구가 더 발전했어. 그 덕분에 태양과 같은 별은 내부에서 핵융합 반응이 일어나고 있기 때문에 빛난다는 사실도 알아냈지."

"폭탄처럼?" 루카가 물었어.

루카의 말도 안 되는 질문 때문에 내가 끼어들 수밖에 없었어. "아니야, 루카. 기억 안 나? 텔레비전에서 봤잖아. 별들은 폭탄이 아니야! 원자 폭탄에서는 핵분열이 일어나지만, 별에서는 핵융합이 일어나. 가벼운 원자핵들이 모여서 무거운 원자핵이 되는 거지."

"안나야, 잘했어. 바로 그거란다. 과학자들은 태양의 중심 온도가 충분히 높고 원자들이 서로 가까이 있으면 수소 원자핵 2개가 합쳐져서 하나가 된다는 사실을 알게 되었어. 그러면 이전에 없던 중수소 원자핵이 만들어지지. 다시 중수소 원자핵 2개가 합치면 또 새로운 원자핵이 탄생해. 이렇게 원자들 사이에 융합 과정이 계속 이어지면 수소 원자핵 4개가 1개의 헬륨 원자핵으로 바뀌게 돼. 여기서 가장 중요한 것은, 이렇게 지속적으로 융합이 일어나는 과정에서 수소 원자핵의 질량이 에너지로 변환되는 거야. 너희도 아인슈타인의 그 유명한 질량-에너지 변환 공식을 알고 있겠지? 질량이 에너지로, 그리고 에너지가 질량으로 변환될 수 있다는 공식 말이야."

"잘은 몰라, 이모." 내가 말했어. "하지만 들어는 봤어!"

"잘됐구나. 이 공식으로 설명하자면, 수소 원자핵 질량의 일부분은 에너지로 변환돼서 태양의 표면으로 옮겨진 뒤 빛이 돼!"

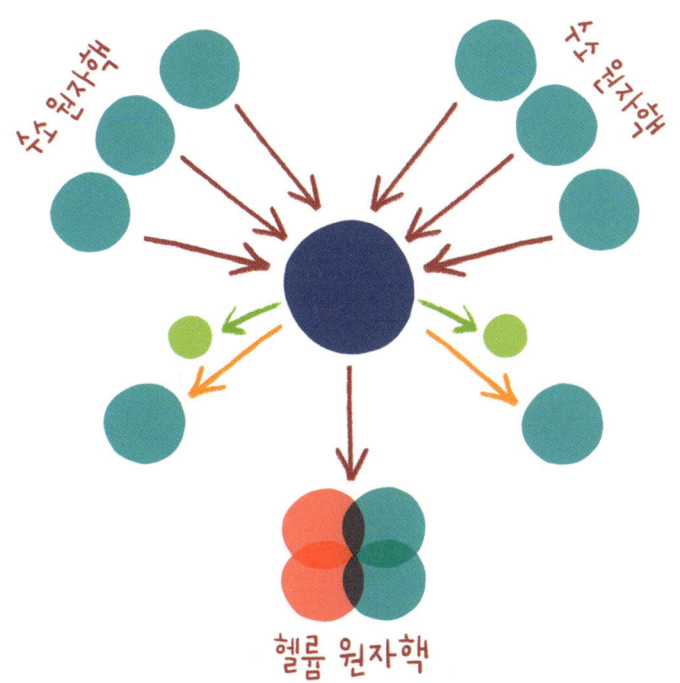

엄청나게 큰 적색 거성

"결국에는 태양이 수소를 다 소모하고 폭발해. 맞지, 이모?" 내가 자신 있게 대답했어. 나도 이모만큼은 안다고!

"폭발하지 않아! 절대로! 태양은 매우 안정된 별이란다. 이모가 천천히 설명할게." 그러는 사이 마침내 자동차가 완전히 멈춰 버렸어. "태양은 중심에 있는 수소를 천천히 소모해 헬륨으로 바꾸지. 소모한다는 말이 어려우면, 그냥 태운다고 해도 돼. 태양이 수소를 태워서 헬륨으로 바꾼다고 하면 되겠다. 태양에서 이런 핵반응이 일어나는 부분을 중심핵이라고 하는데, 이해하기 쉽게 '심장'이라고 부르기로 하자. 알겠니? 이 심장은 태양의 10분의 1쯤을 차지하는데, 이곳의 수소가 완전히 고갈되기까지는 100억 년이 걸린단다. 수소가 고갈되면 우리가 추울 때 몸을 움츠리는 것처럼 태양의 심장도 수축해. 태양은 지구를 포함한 주위 행성들을 집어삼키며 빠르게 부풀어서 적색 거성이 돼. 그리고 지금보다 몇만 배나 더 밝게 빛날 거란다."

"그리고 폭발해!" 루카는 끝내 포기하지 않았어. 루카는 폭발이라면 무조건 좋아해. 적색 거성이 결국 지구도 삼킬 거라는 이모의 말을 들었는지 몰라. 무섭지도 않나 봐. 나는 무서워서 기절할 것 같았어. 그보다 다음 이야기로 빨리 넘어가지 않으면 지루해서 곧 하품이 나올 것 같아.

그럼 이모가 나를 응징하려고 차에서 내리라고 할지도 몰라!

"꿈에도 아니야." 이모가 말했어. "적색 거성이 된 태양은 다시 수축해서는 내부에 많이 남아 있는 헬륨을 합쳐 보면 어떨까 하고 생각하게 돼. 실제로 그것은 가능한 일이야! 온도가 1억 도까지 올라가게 되면 3개의 헬륨 원자핵이 모여 1개의 탄소 원자핵을 만들어. 이렇게 해서 탄소가 충분해지면 다시 탄소와 헬륨이 합쳐져서 산소가 만들어진단다. 멋지지 않니?" 하필 루카가 이어폰을 귀에 꽂으려고 할 때 이모가 뒤돌아보았어. "루카야……." 나도 하품이 났지만 안 그런 척하며 루카에게 한마디 했어. "루카, 이모가 이야기하고 있잖아."

"폭발도 안 하면 무슨 재미가 있어?" 이어폰을 빼면서 루카가 물었어. "볼륨을 줄여서 음악 들어도 돼? 그러면 이야기도 들을 수 있을 거야."

"꼭 들어야겠다면 그렇게 해." 이모가 무슨 생각을 하는지 눈치를 살피며 내가 대신 대답했어. 때마침 교통 체증이 완전히 풀렸는지 자동차가 다시 출발했지. 이모는 차 앞에 지구를 삼키고 심장에서 탄소와 산소를 만들기에 여념이 없는 태양이 있기라도 한 것처럼 이야기를 이어갔어.

"내부의 헬륨이 거의 사라지면 태양은 차가워져. 그래서 다시 움츠러들기 시작해." 자기 이야기에 스스로 푹 빠진 이모가 말했어. 어쩌면 추운 건 이모일지도 몰라. 이제 보니 이모는 아직 3월 초밖에 안 됐는데 아주 얇은 티셔츠 하나만 입고 있어. 배낭에서 엄마가 크리스마스 선물로 준 색색의 네모 무늬 목도리를 꺼내서 이모의 목에 둘러 주었어. "이모, 이거 매. 이모는 별이 아니니까 스스로 따뜻해질 수 없잖아."

"고마워. 정말 따뜻해. 이제 태양 이야기도 거의 끝나가."

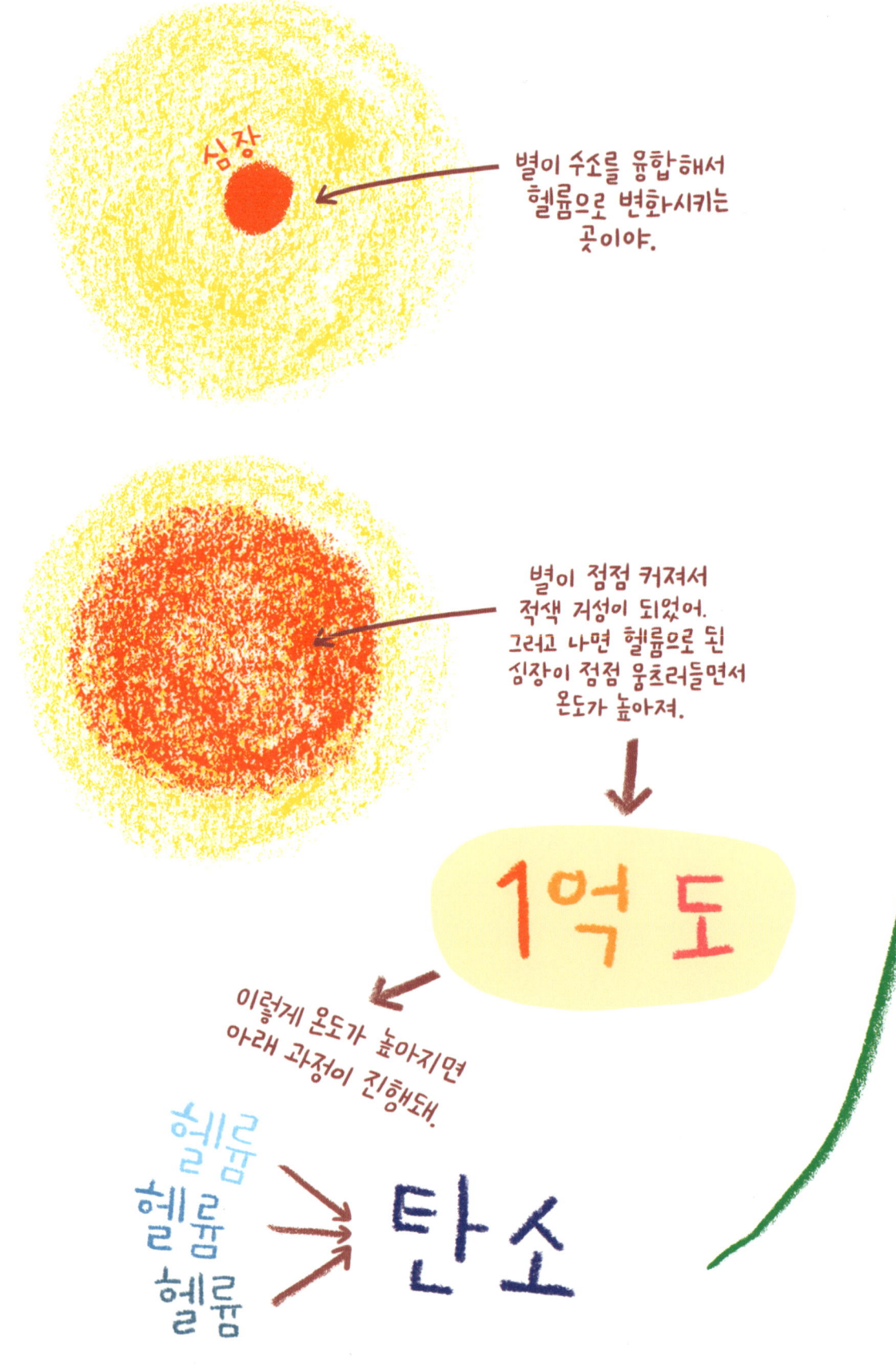

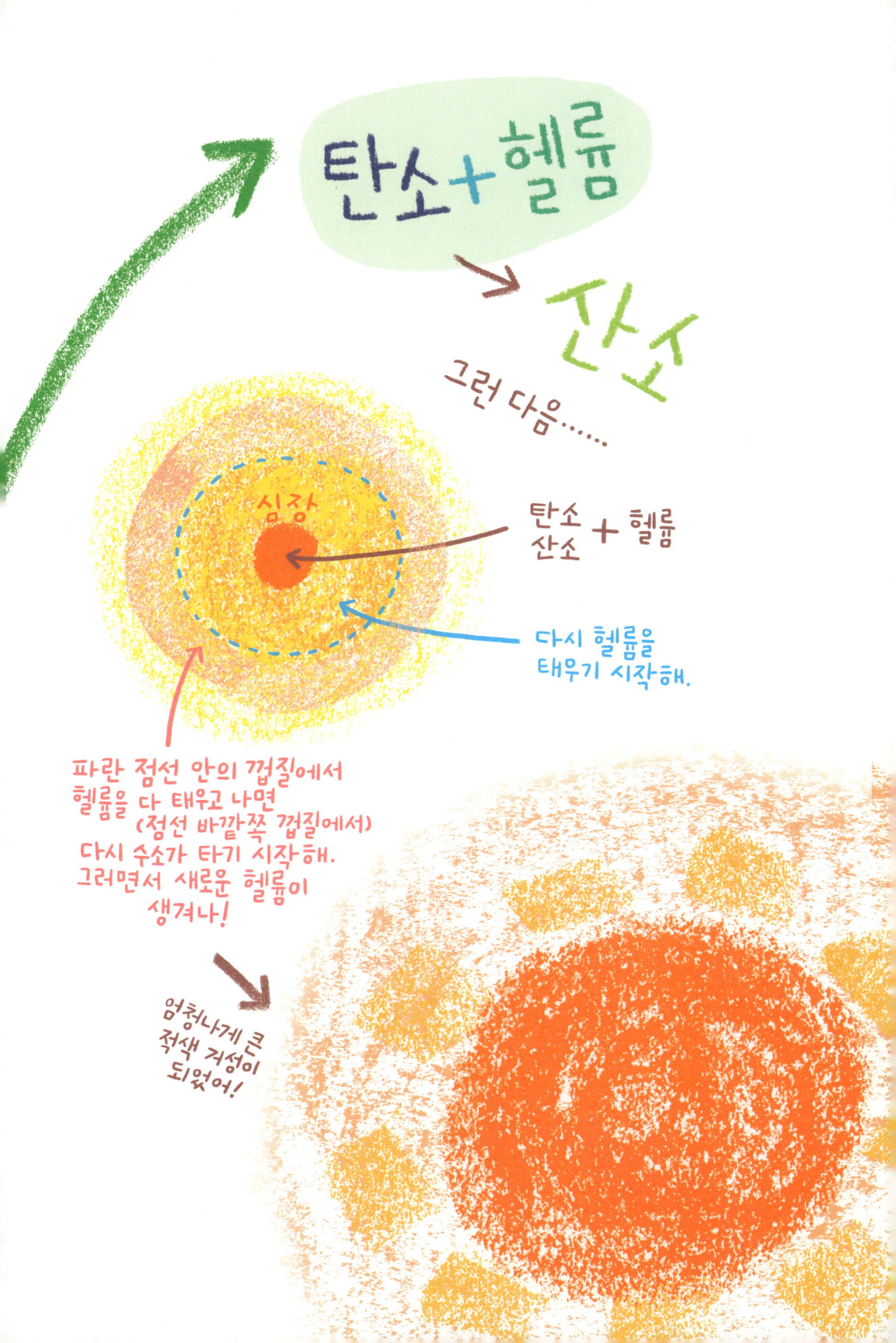

탄소+헬륨

↘ 산소

그런 다음……

심장

탄소
산소 + 헬륨

다시 헬륨을 태우기 시작해.

파란 점선 안의 껍질에서 헬륨을 다 태우고 나면 (점선 바깥쪽 껍질에서) 다시 수소가 타기 시작해. 그러면서 새로운 헬륨이 생겨나!

엄청나게 큰 적색 거성이 되었어!

"내부의 헬륨이 줄어들어 심장이 다시 수축하고 나면 태양은 매우 멋진 시간을 보내. 이제 태양의 심장을 이루는 건 탄소와 산소야. 이번에는 태양이 심장을 감싼 껍질 부분에서 헬륨을 융합하기 시작해. 그런 다음 다시 그보다 좀 더 바깥 껍질에서 수소를 융합해 새로운 헬륨을 만들어.
 태양은 이렇게 수소를 융합해 헬륨을 만들고, 새로 만들어진 헬륨을 다시 융합하는 과정을 계속 반복한단다. 그러면서 엄청나게 팽창하게 되지. 크기가 어마어마하게 크고 새빨간 색을 띤 적색 거성이 되면 지금의 태양보다 수천 배나 더 밝게 빛나게 돼. 그리고 지구까지 집어삼키게 될 거야." 지구가 사라져 버린다니 슬퍼.
 "당연히 우리는 그런 상황을 실제로 보지는 못해." 이모는 무섭지도 않은지 신나서 말했어. "지금부터 50억 년 후에나 일어날 일이거든." 이렇게 이야기하면 우리 기분이 나아질 거라고 생각하나 봐. 그래도 나는 어쩐지 겁이 나. 이모 말대로라면 아빠가 하루에 16번이나 잃어버린 안경을 애써 찾아 헤매는 일이 왜 필요한 걸까? 지금까지 루카가 자라기 위해서 쏟은 노력은?(저기 루카를 봐, 우주 박사 이모의 이야기와 음악을 동시에 듣는 루카의 평온한 모습을.) 결국에 엄마와 아빠, 루카는 어떻게 될까? 나는? 아……. 생각하고 싶지 않아. 소름이 돋아. 이모한테 준 목도리를 도로 뺏어 와야 할지도 모르겠어!
 "이모, 태양 이야기가 끝나 가는 거지?" 내가 겁에 질려 가느다란 목소리로 물었어.
 "그렇고말고. 이제 곧 고운 빛깔의 나비처럼 아주 아름다운 끝을 맺을 거야." 이모가 대답했어. "태양이 그렇게 크게 팽창하면 가장 바깥쪽에 있는 가스들이 우주로 흩어지기 시작해. 그러면 태양에는 탄소와 산소로 이루어진 뜨거운 심장만 남게 돼. 탄소와 산소만 남은 태양에서는 더 이상 핵반응이 일어나지 못해. 결국 태양은 아름다운 빛깔을 띠는 성운

이 되어 겨우 수천 년 정도를 더 살게 될 거야."

이모와 이모의 천문학자 친구들은 분명 시간을 계산하는 데 문제가 있는 것 같아. '겨우 수천 년 정도'라니!

"맞아! 예전에 모래시계성운 사진을 본 것 같아. 정말 특이했어." 루카가 말했어.

"성운은 그 빛깔과 모양 덕분에 우주에서 가장 아름다운 존재야. 하지만 매우 연약해서 나중에는 모든 가스가 우주로 흩어져 버리지. 그러면 아까 이야기했던 탄소와 산소로 이루어진 작은 핵만 남게 돼. 그 다음엔 어떻게 불릴까? 너희도 '백색 왜성'이라고 한 번쯤은 들어 봤을 거야."

"백색 왜성이 태양으로부터 나온다고?" 루카가 물었어. "말도 안 돼. 둘은 서로 다른 별이잖아!"

"태양이 결국에는 백색 왜성이 되는 거야. 백색 왜성은 아주 뜨거워서 차가워지기까지 또 수십억 년의 시간을 보내게 돼. 차가워진 백색 왜성은 우주의 어둠 속으로 사라질 테고."

"그럼 별은 언제 폭발해?" 루카는 정말 끈질겨.

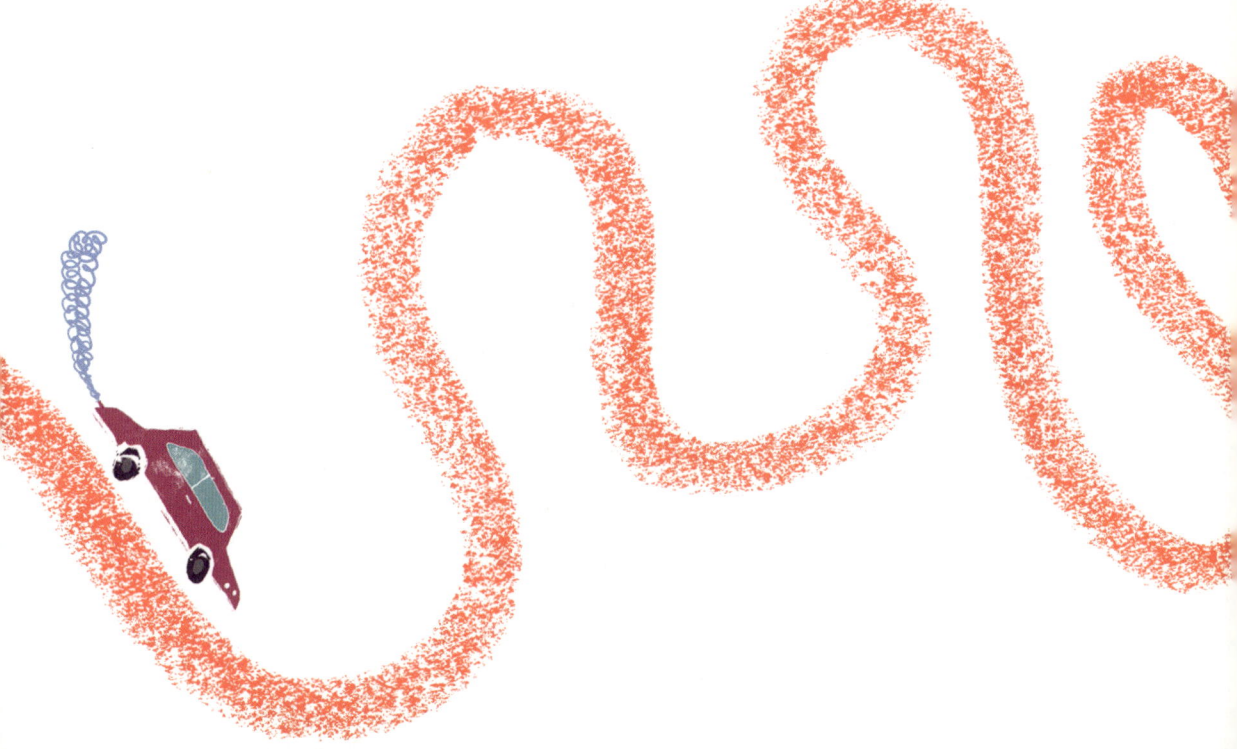

뻥! 초신성

"대부분의 별은 태양과 비슷한 크기로 태어나지만 어떤 별들은 태양보다 훨씬 크게 태어나기도 해. 이러한 별들은 태양보다 10배, 20배, 50배나 더 많은 물질을 가지고 있고, 훨씬 더 밝게 빛나지. 그래서 더 많은 에너지를 만들어 내기 위해 수소를 더욱 빠르게 태워야 한단다. 아주 빠르게 말이야! 태양보다 질량이 20배 더 큰 별은 태양보다 약 400배 더 짧게 살아. 태양이 100억 년을 사니까 이 별은 2500만 년밖에 살 수가 없는 거지." 이모가 말했어.

이 숫자들을 듣고 있자니 천문학자들이 우리가 보통 사용하는 '단지, 서둘러, 빠르게'와 같은 단어들을 활용하는 데 문제가 있다는 내 생각이 틀리지 않은 것 같아.

"그렇지만 이번에는 루카가 옳아. 이런 별은 아주 밝게 빛나며 폭발하니까."

"거봐! 내 말이 맞지!" 흥분한 나머지 이어폰마저 떨어뜨리며 루카가 소리쳤어. "별은 폭발하면서 어마어마하게 쿵! 소리를 내! 빅뱅처럼!"

루카는 정말 골칫덩어리야. 빅뱅이란 우주의 팽창에 관한 이론이지, 별들의 폭발과는 아무런 상관이 없는데도 저러네. 이모는 이제 두 손 두 발 다 들 것 같아. 그건 그렇고 슬슬 배가 고프기 시작했어.

"루카, 네 말처럼 별이 폭발하기는 하지만 그 전에 먼저 연금술사로 변신해야 해!" 이모가 말했어.

"배고파!" 나는 일단 이렇게 말해 놓고 이모의 반응을 기다렸어. 역시 이모는 아무 반응도 없어. 그 대신 배고픔 때문에 내 배 속 여기저기에서 핵반응이 일어나고 있어.

"연금술사란 납을 금으로 바꾸는 식으로 원소를 변화시키려는 사람을 말해." 평원을 빠르게 지나가며 이모가 계속 설명했어.

"그런 능력이 있다면 정말 좋겠는걸!" 루카가 외쳤어.

"과학자 뉴턴도 연금술에 관련된 실험을 많이 했어. 어떤 사람들은 그가 보통 금속들을 귀금속으로 변화시키려고 여러 화학 물질을 가지고 실험을 하다가, 거기에서 나오는 독가스 때문에 죽었다고 생각해." 이모가 신이 나서 말했어.

"그럼 왜 폭발하는 별이 연금술사라는 거야?" 고픈 배를 움켜잡고 내가 물었어.

"일단 태양도 연금술사야. 조금 전에 태양이 수소를 헬륨으로, 헬륨을 탄소와 산소로 바꾼다고 했었지? 그것들은 금처럼 귀하지는 않지만, 우리 삶에 꼭 필요한 물질이야. 이제 폭발하는 별로 돌아가 보자.

　태양보다 질량이 20배 더 큰 별에 관해서 이야기하고 있었지? 이 별은 수소를 융합해 헬륨으로 바꾸는 과정을 거치는 2500만 살까지는 굉장히 푸른빛을 띤단다. 그러고 나서 헬륨을 다시 탄소와 산소로 변화시키는 과정을 거치는데, 태양과 달리 여기서 멈추지 않고 심장을 수축시키면서 그 속의 탄소와 산소를 네온, 마그네슘, 규소, 유황과 같은 물질들로 바꾸지. 폭발할 때 별의 심장은 꼭 양파의 모습과 닮았어. 한가운데에는 철이 있고, 그 둘레를 방금 말한 물질들로 이루어진 껍질들이 차례로 감싸고 있어. 마침내 별이 폭발하면서 자신이 만든 물질 일부를 우주에 내뿜는데, 이렇게 폭발하는 과정에서도 매우 특별한 핵융합을 통해 계속해서 다른 물질들을 만들어 내. 이제 기대하렴! 바로 이 과정에서 우주에서 처음으로 금 원자가 탄생했단다! 금은 방금 이야기한 별과 비슷한 별이 폭발하면서 생긴 거야. 별이 정말 연금술을 부리는 것 같지 않니?"

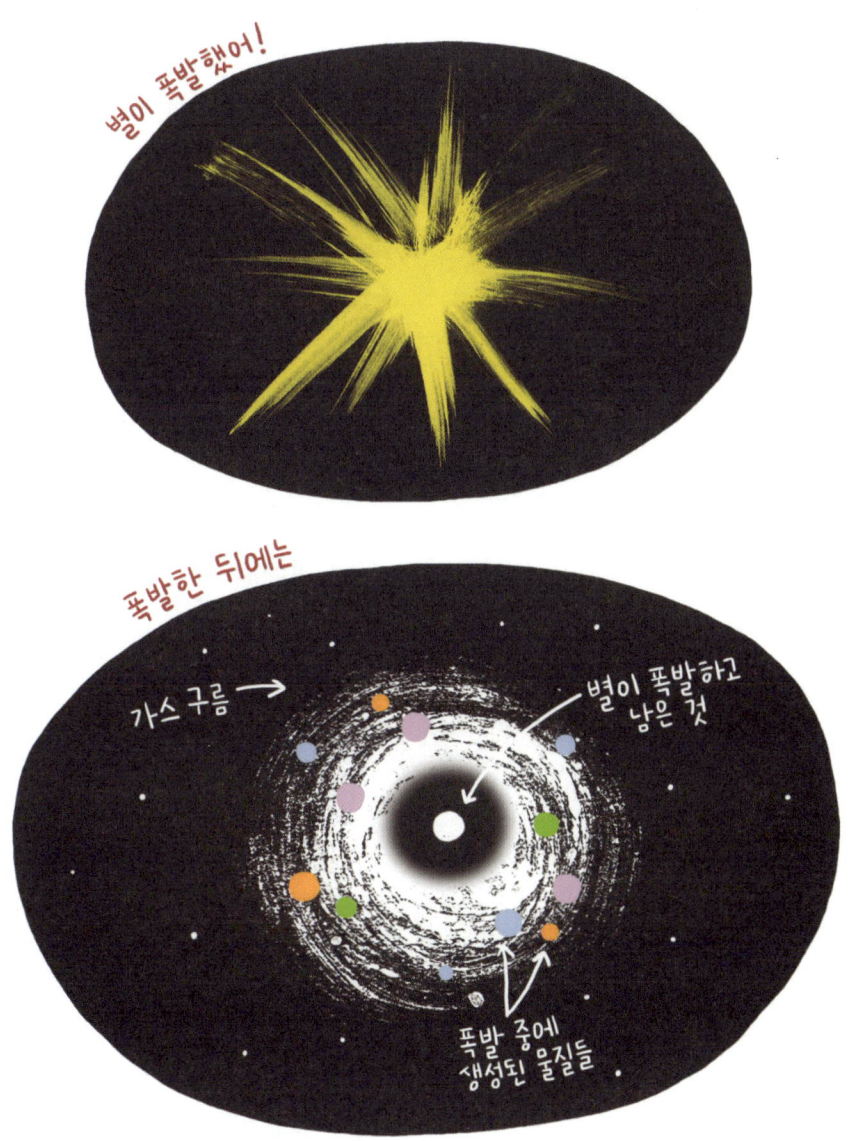

"난 금이 싫어." 루카가 말했어. 루카는 서부 영화에 나오는 미국 인디언들에 푹 빠져 있어서 카우보이나 금 사냥꾼을 싫어해. "은행도 싫어."

은행도 싫다고? 루카는 분명 아빠랑 무슨 이야기를 나누었을 거야. 요즘 루카와 아빠가 부쩍 금에 관한 이야기를 자주 나누었거든. 그런데 금이라니, 나는 갑자기 어떤 생각이 떠올라서 소리쳤어. "엄마 아빠의 금반지도 별에서 만들어졌겠네!"

☆우리는☆ 별의 아이들

"그럼. 우리 주위에 있는 대부분의 것들이 별에서 만들어졌지. 적어도 원자들은 확실히 그렇게 태어났어. 그 다음에는 화학이라는 친구가 이러한 원자들을 모아서 우리가 알고 있는 물질을 만들어 냈어. 예를 들어 물은 수소 원자 2개와 산소 원자 1개로 구성되어 있어. 우리가 들이마시는 산소 원자도 별에서 만들어졌어. 우리가 알고 있는 많은 원소들이 우주에 생겨나기까지는 아주 많은 별이 폭발해야 했어. 태양과 같이 비교적 평화롭게 생을 마감하는 별들도 필요했지. 그리고 별이 우주에 뿜어낸 가스에서 또 다른 별이 탄생하고, 그렇게 한 세대에서 또 다른 세대로 계속 이어졌어."

이런 이야기를 듣고 있자니 지금 우리가 타고 있는 자동차와 루카, 우리 이야기를 적고 있는 이 일기장을 만들기 위해 얼마나 많은 별이 필요했을까 하는 생각이 들어 얼떨떨해졌어. 정말 그럴 만한 가치가 있었을까? 분재 잎을 쓰다듬는 순진한 루카를 보고 있자니 별들이 옳은 선택을 한 것 같아. 이런 남동생이 있어 참 다행이야. 루카가 없는 이 거대한 우주는 상상할 수 없어.

"루카도 별에서 만들어졌다니 믿기지가 않아. 그럴 만한 자격이 안 되는걸." 루카를 놀리려고 이렇게 말했어. "이 멍청한 분재를 지키는 일만 잘하잖아."

루카가 아무 반응이 없는 걸 보니 몰래 음악 듣는 방법을 찾았나 봐.

"루카야, 너의 질량이 몇 킬로그램인지 말해 주겠니?" 이모가 물었어.

"내 질량이 몇 킬로그램이냐고?" 루카가 놀라며 되물었어.

"그래, 질량 말이야. 너를 구성하는 모든 것의 질량! 몸의 질량은 몸을 구성하는 모든 물질의 합이야. 보통은 몸무게를 물어보지만, 무게란 땅이 우리를 끌어당기는 힘이지 질량이 아니거든."

"아, 내 몸무게를 알고 싶은 거지? 대략 27킬로그램 정도야." 루카가 지루한 표정으로 대답했어.

"질량이 27킬로그램이라고 대답하는 게 더 옳아. 계산을 더 쉽게 할 수 있도록 30킬로그램이라고 가정해 볼게. 너의 질량인 30킬로그램은 대략 산소 19.5킬로그램, 탄소 5킬로그램, 수소 3킬로그램으로 되어 있어. 그 외에도 철이 약 4그램, 뼈에 있는 칼슘이 500그램, 그리고 물론 다른 여러 물질도 조금씩 포함되어 있을 거야."

"나는? 나는 40킬로그램 정도 나가." 내가 물었어. 마치 내 존재는 잊기라도 한 듯 자기들끼리만 이야기하고 있잖아!

"어디 보자……. 산소 26킬로그램과 탄소 7킬로그램, 수소 4킬로그램과 철이 3에서 4그램, 그리고 칼슘 600그램과 다른 물질들을 조금 더 더하면 되겠구나. 참 쉽지? 마치 사과 파이 조리법 같아."

"글쎄, 이모. 그런 식으로 생각하는 게 난 적응이 안 돼." 나는 최대한 솔직하게 대답했어.

루카는 아무 말도 없지만, 꽤 충격을 받은 것 같아. "사과 파이 이야기는……." 너무 배고픈 나머지 내가 덧붙여 말하려는데, 루카가 갑자기 끼어들었어. 남동생과 함께 보내는 이 끔찍한 주말에 한 줄기 빛이 될 사과 파이에 대한 내 꿈을 산산조각 내며 이렇게 말했지.

"그럼 우리는 별의 아이들이구나."

"꼭 그렇지만은 않아." 마치 무대에서 연기하는 배우처럼 이모가 말했어. "너희 안에는 하늘의 별보다도 훨씬 더 멀리서 오는 무언가가 있단다. 아득히 먼 곳에서부터 말이야. 떠올려 봐. 모든 별들이 수소에서부터 핵융합 과정을 시작한다고 했어. 그런데 수소는 어디에서부터 오는 걸까? 한번 알아맞혀……."

"이모, 난 적색 거성이 갖고 싶어. 울트라캡슝 큰 적색 거성! 그리고 백색 왜성도 5개!" 내가 끼어들며 말했어. 나와 눈이 마주친 루카도 곧바로 알아차렸어. 이건 우리가 지난여름에 이모를 만나 피자 가게에서 생각해 낸 게임이거든. 적색 거성은 엄청 큰 토마토 피자야. 백색 왜성은 모짜렐라 치즈가 올라간 자그만 빵이고.

"빅뱅 파이도 먹고 싶어." 내가 덧붙였어. "지금 당장!"

이모가 웃기 시작했어. "그래, 다음 휴게소에 들르자꾸나. 너희가 많이 배고프다면 모래시계 빵도 먹어야겠어. 피자 두 조각을 마주 보게 하고 작은 모짜렐라 치즈를 중간에 얹으면 되겠지. 한입 먹고 반대로 돌리면 다시 새것처럼 돌아올 거야. 모래시계처럼!"

블랙홀 만큼이나 배가 고파

고속도로 휴게소의 식당에 앉아 있는 나와 이모 앞에는 평범한 음식들이 담긴 쟁반이 있어. 토마토 스파게티, 피자 한 쪽, 토마토 샐러드, 생수 한 병. 반면 루카가 주문한 음식은 엄청났어. 페스토 소스 파스타와 피자, 감자튀김, 거기에 케이크와 아이스크림까지. 이게 다 뭐야. 엄마라면 절대로 허락하지 않았을 거야. 비밀로 하지 뭐.

"이모랑 누나는 다이어트 중이야? 배고프다고 하지 않았어?" 루카가 뽐내며 물었어.

"루카. 넌 정말 진공청소기 같아. 보이는 건 다 집어삼키려고 하잖아. 블랙홀보다 더하다고!" 내가 동생에게 한마디 했어.

"블랙홀! 그 이야기는 아직 안 했어, 이모." 루카가 파스타, 피자, 감자튀김을 한꺼번에 입에 넣으며 말했어.

"정말 알고 싶니?" 이모가 물었어. "너희한테 모든 게 그렇게 간단하다는 인상을 주고 싶지 않아. 실제 모습은 언제나 말로 설명하는 것보다 훨씬 더 복잡하고 훨씬 더 아름답거든. 블랙홀도 그래. 내가 이야기했던 것들을 모두 이해하기 위해서는 너희가 아직 모르는 수학과 물리학 이론을 많이 알아야 해. 그러려면 너희 머리가 복잡해지지 않겠니?"

"이모. 우리도 수학과 물리학이 많이 필요하다는 것을 알고 있어. 하지만 어떤 건 그냥 상상이라도 할 수 있잖아. 어차피 이다음에 공부를 많이 하면 더 잘 이해할 수 있을 거야. 그러면 이모가 엄청난 뻥을 쳤다는 걸 알게 될지도 몰라!" 내가 대답했어. 우리 이모는 가끔 '우주 박사'라는 별명을 너무 진지하게 생각한다니까.

"그런데 블랙홀이 정말로 있어?" 루카가 엄청난 양의 음식을 해치우고 케이크에 손을 대며 물었어.

"실제로 블랙홀을 관측했다는 연구 결과가 많아." 이모가 이렇게 딱딱하게 굳은 목소리로 이야기할 때는 난처해졌다는 뜻이야. "원리는 이래. 작은 돌을 공중에 던지면 조금 올라갔다가 다시 밑으로 떨어지지. 돌을 공중에 던질 때 더 큰 힘을 주면 더 높이 올라가지만, 결국엔 땅으로 떨어져. 하지만 이론적으로는 돌을 아주 세게 던져서 지구를 벗어날 만큼 빠른 속도로 날게 할 수 있는데, 이 속도를 탈출 속도라고 해."

"그게 블랙홀이랑 무슨 상관이 있는지 모르겠어. 그렇지만 한번 들어 볼게." 내가 말했어. 이모는 개똥벌레 같은 표정으로 나를 쳐다봤어.

"그래, 들어 보렴." 이모가 포크로 샐러드를 휘젓다가 갑자기 자리에서 일어났어. "음, 아니다. 잠시 여기서 기다려."

내가 당황해서 동생에게 속삭였어. "우리가 블랙홀 이야기를 괜히 꺼냈나 봐."

"어쩔 수 없지 뭐. 블랙홀도 모르면서 천문학자라고 할 수 있겠어?" 루카가 말했어. 그 말도 맞아. 이모가 돌아왔어. 케이크 두 조각과 아이스크림 두 개를 들고!

"미안하구나. 블랙홀 이야기는 신경을 좀 거슬리게 하거든. 너희도 알다시피 내 전 남자 친구가 블랙홀 연구를 했잖니. 그래서 즐겁게 이야기할 수가 없어." 이모가 케이크와 아이스크림을 내게 건네며 말했어.

"아이스크림 먹으려고 핑계 대는 거지." 루카가 웃으며 말했어.

"탈출 속도에 대해서 생각해 봤니? 돌이 다시 땅에 떨어지지 않게 하려면 얼마의 속도가 필요할까? 답은 1초에 약 11킬로미터를 가야 해."

"번개처럼 빠른걸!" 루카가 소리쳤어.

"시속 약 4만 킬로미터쯤 되지." 이모가 대답했어.

"완전 슈퍼 번개다!" 루카가 신이 나서 말했어. "그런데 그게 블랙홀이랑은 무슨 상관이야?"

"어떤 물체가 달에서 탈출하기 위해서는 약 시속 8500킬로미터의 속도가 필요하고, 목성에서 탈출하기 위해서는 시속 20만 킬로미터 이상의 속도가 필요해. 천체들의 질량과 지름에 따라서 탈출 속도는 증가할 수도 감소할 수도 있지. 이제 진공 상태에서 빛의 속도인 초속 30만 킬로미터보다 더 높은 탈출 속도를 가진 별이 있다고 생각해 보렴. 이 별에서 멀어지려면 빛보다 빨라야 해. 하지만 너희도 알다시피 어떤 물질도 빛보다 빠른 속도로는 이동할 수 없어. 그러니 그 별에서는 어떤 것도 탈출할 수가 없겠지. 결국 빛의 속도와 동등하거나 더 높은 탈출 속도를 가진다면 무엇이든 블랙홀이 될 수 있다는 얘기야." 이모가 결론을 지었어.

"아무것도 그 별에서 빠져나올 수가 없다는 건 알겠어. 근데 왜 꼭 검은색이어야만 해? 그냥 다른 별들처럼 빛나면 안 돼?" 루카가 물었어.

"그걸 알려면 아인슈타인의 도움이 필요해." 이모는 혹시나 우리가 이해하기 어렵진 않을까 걱정스러운 눈빛으로 말했어. "아인슈타인의 상대성 이론에 따르면 빛도 질량이 있어. 몇 킬로그램인지 측정할 수 있지. 빛이 에너지를 운반하기 때문이야. 만약 진짜로 빛이 에너지를 운반하는지 확인하고 싶다면 햇빛에

에너지의 질량

도망가려는 빛

몸을 노출하기만 하면 돼. 우리가 피부로 느끼는 열이 빛으로 운반된 에너지의 일부란다. 이처럼 빛은 질량을 가지고 있기 때문에 돌이나 로켓처럼 중력의 영향을 받아."

"그렇다고 빛이 땅에 떨어지는 건 아니잖아." 루카가 대답했어.

"그렇지. 하지만 그건 빛이 우리 지구의 탈출 속도보다 훨씬 더 빠르기 때문이야. 빛은 어떤 행성이나 별의 탈출 속도보다 빨라. 그런데 만약 어떤 별의 탈출 속도가 빛의 속도보다 빠르다면 빛도 탈출할 수 없게 돼. 그 별이 바로 블랙홀이지. 빛조차 나올 수 없는 완전한 어둠 속에 있기 때문에 검은색을 띠는 거야."

"그럼 블랙홀은 어떻게 생겼어?"

"블랙홀에도 여러 종류가 있어. 어떤 블랙홀은 큰 별이 죽으면서 생겨. 별은 폭발하기 직전에 수축하는데, 별의 중심에 물질들이 빽빽하게 모여 압축되면 마침내 그곳의 탈출 속도가 빛의 속도를 능가하게 돼. 이렇게 탄생한 블랙홀들은 그리 크지 않아서 지름이 몇 킬로미터 정도밖에 안 되지. 반면 우리 은하계의 중심에 있는 블랙홀은 태양 같은 별들을 300만 개 합친 만큼의 질량을 가지고 있어. 무섭지 않니?"

정말 무서운 건 이 와중에도 이모가 단 두 입에 내 케이크까지 다 먹어 치웠다는 거야. 진짜 블랙홀은 바로 이모라고! 그렇지만 이번에는 그냥 모른 척해야지.

02
은하계 왕국

오, 이 멋진 하늘을 좀 봐

우리 셋은 한 시간 넘게 쉬면서 블랙홀처럼 배를 가득 채운 뒤에 다시 이동하기 시작했어. 이모의 가방을 뒷좌석에 옮겨 싣고 내가 앞좌석에 앉았어. 엄마 아빠에게 전화도 걸었어. 비록 안 받으셨지만.

이제 우리는 아펜니노 산맥을 향해 달리고 있어. 치사 도로를 거쳐 토스카나에 도착할 거야.

아까 이모가 했던 질문이 다시 떠올랐어. "수소는 어디에서 올까?" 그 답을 곰곰이 생각하는 중이야. 차 안은 아주 조용했어. 하지만 이모가 있으니까 이것도 오래가진 않을 거야.

"내가 무슨 생각을 하고 있는 줄 아니?" 아니나 다를까 이모가 이야기를 시작했어. "저 산 위까지 올라가면 고속도로에서 빠져나가서 잠시 차를 세우고 하늘을 한번 보자. 너희 생각은 어떠니?"

"밖은 추울 텐데……." 내가 반쯤 체념한 채 조심스럽게 대답했어.

"그래, 어쩌면 그냥 빨리 할아버지 댁으로 가는 게 좋을 수도 있겠어. 벌써 밤 11시 반이야. 꽤 늦었네." 이모가 순순히 동의했어.

다행이다! 하지만 이모는 30분쯤 더 달리다가 고속도로를 빠져나왔어. 루카는 달콤한 꿈나라로 떠났고, 나는 눈을 반쯤 감고 머릿속으로 복잡한 생각을 하고 있었어.

'수소는 어디에서 온 거지? 별에서 온 게 아니라면 처음부터 우주에 있었던 걸까? 하지만 우주 어디에? 어떻게 존재했던 거지? 뭔가 앞뒤가 맞지 않아.' 내가 눈도 입도 열지 않으려고 애쓰고 있는데 이모가 정말로 차를 멈춰 세웠어. 사방이 어두워. 여기가 어딘지 전혀 모르겠어.

"얘들아. 어서! 일어나 봐! 내려서 위를 좀 봐!" 이모가 소리쳤어. 머리 위에 온 하늘이 펼쳐져 있었어. 끝도 없이 크고 넓은 하늘이 마치 하얀 점들이 가득 찍힌 검은 지붕 같았어. 우리가 어릴 적부터 이모는 어디쯤에 화성이 있는지 가르쳐 주었어. 오늘밤은 게자리와 쌍둥이자리 사이에서 붉은빛을 내뿜는 화성이 보였어. 무척 아름다워. '왜 저런 색일까?' 하고 고민하는 사이에 루카가 끼어들었어. "흐릿한 신호등 같아!"

"화성이 아름다운 붉은빛을 띠는 건 표면이 녹슬어서 그런 거야."

"녹슬었다고? 화성은 금속이 아니잖아!"

"금속이 아니지만 표면에 있는 많은 암석이 시간이 지나면서 녹이 슬어서 그래. 다른 말로 산화되었다고 하지. 화성의 대기에 있는 산소가 암석을 변화시킨 거란다."

"화성에 산소가 있다니. 그렇다면 이모, 화성에서는 숨을 쉴 수 있어?" 내가 물었어. 아, 춥다.

"그럼 화성에는 화성인들이 살아?" 루카도 물었어.

"사실은 산소가 정말 조금밖에 없어. 하지만 암석들에 붉은색을 입히는 데 그렇게 많은 산소가 필요하지는 않아. 화성의 먼지와 암석들은 몇 만 년이나 그곳에 있었어. 녹이 슬기까지는 충분한 시간이지! 그런데 화성인들이라니……. 글쎄다! 어쩌면 몇 년 후에는 알아낼 수도 있겠지." 이모가 갑자기 웃기 시작했어. "이 분야에는 아직 발견되지 않은 게 많아! 사실 내가 잘 모르기도 하고!"

밤하늘을 관찰해 보자.
차사 도로에 멈춰 서서 북쪽 하늘을 바라본 모습이야.

E

케페우스자리
백조자리
데네브
거문고자리
도마뱀자리
용자리
카시오페이아자리
작은곰자리
미자르
북극성
N
큰곰자리
카펠라
삼각형자리
마차부자리
작은사자자리
카스토르
폴룩스
화성 ♂
쌍둥이자리

W

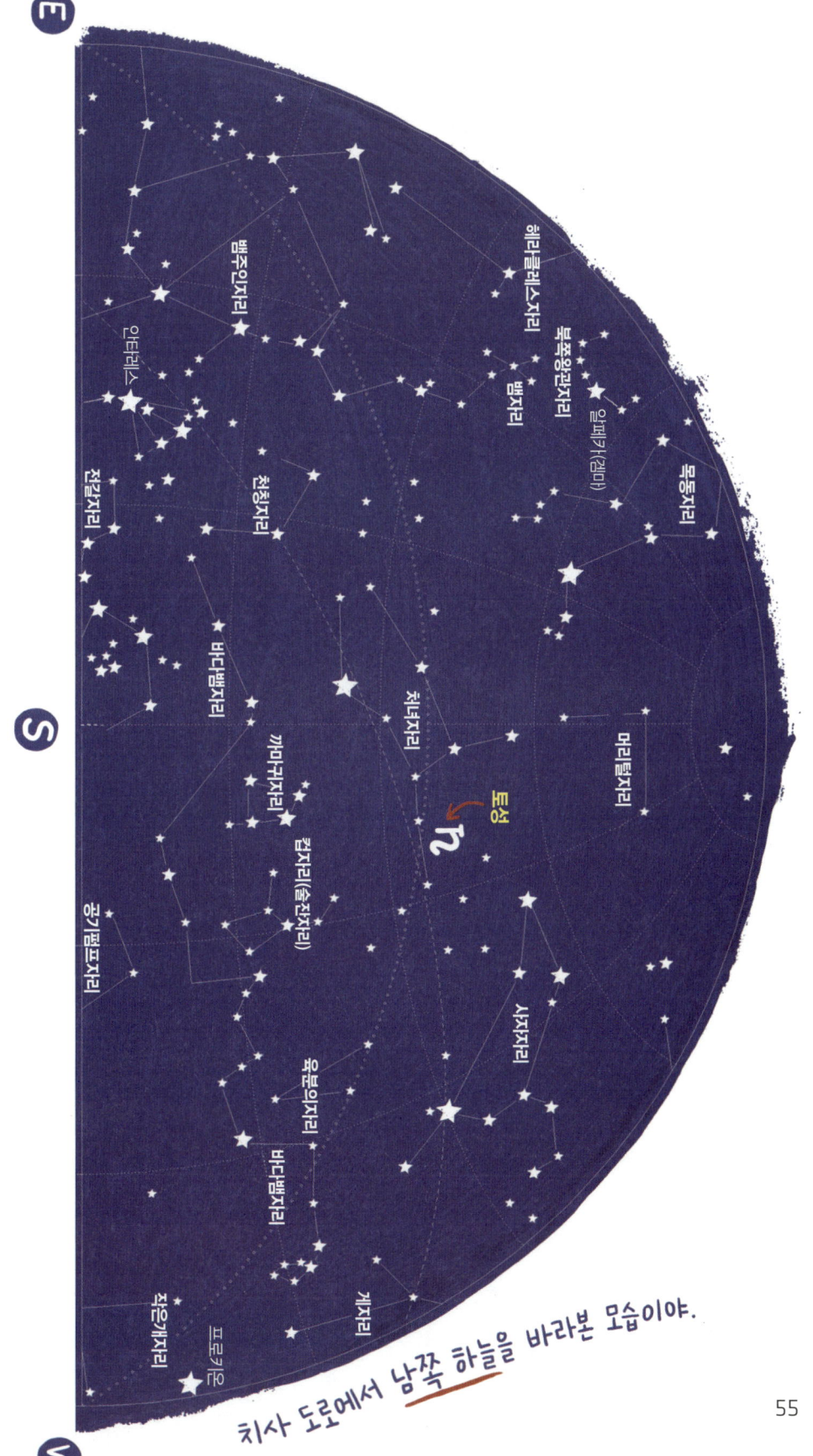

치사 도로에서 남쪽 하늘을 바라본 모습이야.

55

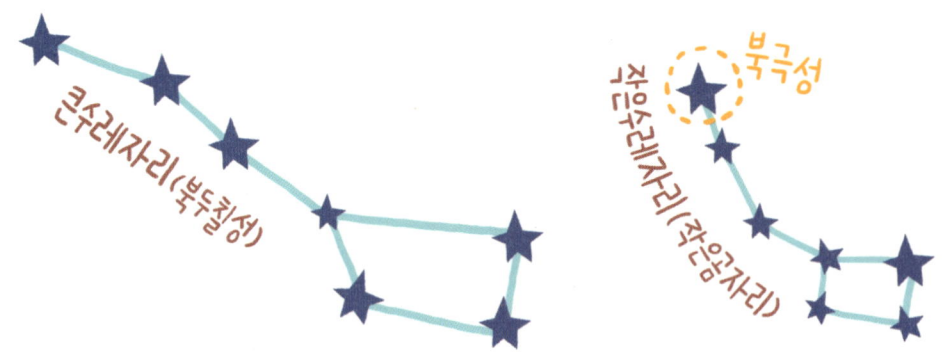

"루카, 화성인 이야기는 그만하고 저기 큰수레자리와 작은수레자리를 한번 봐. 잘 보여!" 내가 말했어. 나는 참 친절한 누나야.

"난 큰곰자리와 작은곰자리가 더 좋아!" 루카가 퉁명스럽게 대답했어.

"내가 보라고 한 게 그거야. 같은 거라고!"

"꼭 그렇지는 않아!" 이모가 끼어들었어. "작은수레자리는 작은곰자리와 같아. 하지만 큰수레자리(북두칠성)는 큰곰자리의 몸통과 꼬리 부분의 별 7개를 말해." 이모는 가끔 너무 정확해서 탈이야.

"어떻게 곰이 수레랑 똑같아?" 멍청한 동생이 떼를 쓰기 시작했어.

"그건 각 지역의 전설과 신화에 따라 달라." 이모가 인내심을 가지고 말했어. "사하라 사막의 유목 민족들에게 작은곰자리는 마치 기둥에 묶여 그 둘레만 돌아야 하는 어린 낙타처럼 보였어. 우리가 보는 거랑은 많이 다르지. 하늘을 보면서 빛나는 점들을 가지고 너희가 그리고 싶은 모든 걸 그릴 수가 있단다. 마음에 드는 별들을 골라서 연결하고 상상력을 더하면 돼. 그러면 수레든 곰이든, 심지어 당근도 그릴 수가 있지."

"오늘 밤하늘에 뭔가 빠진 것 같아." 내가 걱정스럽게 말했어. 겨울 밤하늘에서 오리온자리를 찾는 걸 아주 좋아하기 때문이야. 오리온자리는 곤봉을 높이 들고 황소자리와 싸우는 거인의 모습을 하고 있어.

거인의 허리띠를 이루는 3개의 빛나는 별과 곤봉을 높이 든 왼쪽 팔과

어깨에 있는 베텔기우스 적색 거성이 마음에 들어. 거인의 오른쪽 다리에 위치한 청색 거성도 좋고. 하지만 오늘 저녁에는 오리온자리가 나를 배신했어. 안 보이잖아! "오리온자리는 벌써 저물었나 봐." 내가 맥없이 말했어.

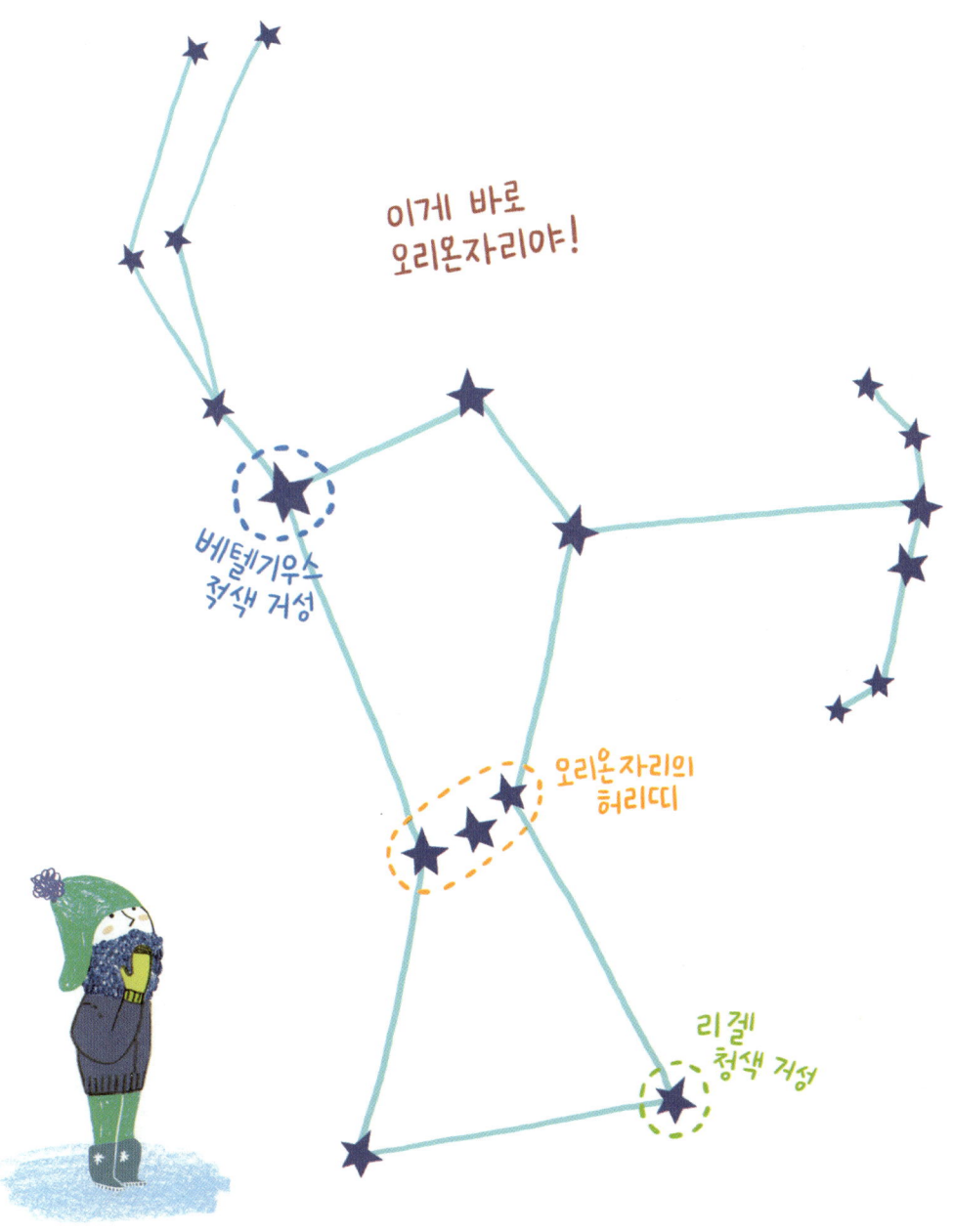

"그러게. 오리온자리와 황소자리는 서쪽 하늘 너머에 있을 거야. 가장 밝은 시리우스 별이 있는 큰개자리도 그렇고. 얘들아, 오늘은 어쩔 수 없이 작은개자리로 만족해야겠다."

"싫어." 루카가 우겼어. 큰 개를 두고 작은 개에 만족할 루카가 아니지!

"작은개자리에는 아주 특별한 별이 하나 있어. 화성에서 남서쪽으로 내려와 봐. 작은개자리에서 가장 밝게 빛나는 별이 프로키온이란다. 이 별은 태양보다 질량이 약 1.5배 더 크고 8배나 더 밝게 빛나지."

"그렇다면 프로키온자리라고 부르는 게 맞겠어." 루카가 말했어.

"프로키온은 그리스어로 '앞선 자'라는 뜻이란다. 이 별은 우리가 사는 곳에서 볼 때 큰개자리보다 조금 더 앞서서 밤하늘에 떠. 하나의 별이 아니라 2개의 별이 가까이 붙어 있는 거야. 보이는 것 말고 아주 작은 난쟁이 별(백색 왜성)이 하나 더 있지."

"이모, 예전에 들은 것 같긴 한데 왜 백색 왜성을 난쟁이 별이라고 부르는지 다시 설명해 줘." 하품을 하며 내가 이모에게 물었어.

"그 이유는 백색 왜성을 이루는 물질들이 아주 빽빽하게 압축되어 있기 때문이야. 프로키온의 백색 왜성은 질량이 태양과 비슷하지만, 크기는 지구보다 약간 큰 정도야."

"진짜 난쟁이 별이네!" 루카가 외쳤어.

"백색 왜성은 빽빽하게 압축되어 있어서 원자들이 다닥다닥 붙어 있어. 작은 공간에 많은 물질들이 들어 있는 거지. 만약 모기 한 마리가 백색 왜성과 같은 물질들로 이루어졌다면 그 모기는 적어도 10킬로그램은 나갈 거야."

"하지만 모기가 백색 왜성과 똑같은 물질로 만들어질 수는 없잖아, 그렇지?" 루카가 믿기지 않는 듯 되물었어.

"불가능하고말고. 그런 조건에서는 어떤 생명체도 존재할 수 없어. 하지만 그보다 더 극심한 조건을 가진 별도 있지. 중성자별이라는 건데, 태양보다 더 큰 별이 폭발한 뒤에 생겨. 백색 왜성의 물질로 만든 모기는 중성자별의 물질로 만든 모기에 비하면 깃털같이 가벼울 거야!"

"중성자별 물질로 만든 모기는 도대체 몇 킬로그램이나 나가는데?" 내가 약간 비꼬듯이 물었어.

"대략 40만 톤 정도? 40만 톤은 지구에서 가장 큰 고래를 3000마리 합치거나 아프리카 코끼리를 10만 마리 합친 무게란다."

중성자별 물질로 만들어진 모기의 무게는……
400000톤.

연필이나 펜으로
새로운 별자리를 그려 봐!

빛이 일 년 동안 간 거리

나는 중성자별에 대해서 더 알고 싶어. 블랙홀에 대해서도. 이모가 설명한 것보다 훨씬 더 많은 이야깃거리가 있을 거야!

하지만 벌써 새벽 1시야. 이 시간에 또 블랙홀 이야기를 꺼내면 루카가 잠이 깨서 여행 내내 나까지 못 자게 할 게 뻔해. 그래서 그 이야기는 다음으로 미루고 대신 더 쉬운 이야깃거리를 생각해 냈어.

"북극성은 지구에서 얼마나 멀어?" 가장 유명한 별인데 얼마나 떨어져 있는지도 모르다니!

"내 기억이 맞다면 북극성은 지구에서 약 430광년 떨어져 있어. 앗!" 이모가 마치 벌에 쏘이기라도 한 듯 소리쳤어. "너희에게 광년에 대해서 설명해 주는 걸 깜빡했구나! 아주 간단해. 일 년 동안 빛이 얼마나 멀리까지 가는지를 나타내는 단위지. 우리가 잘 아는 킬로미터로 바꿔 볼까? 너희가 한번 해 보렴. 빛은 초당 30만 킬로미터를 가지. 정말 엄청난 속도야. 태양에서 나온 빛이 지구에 도달하기까지는 500초, 즉 8분 20초가 걸려." 이런, 어쩌면 그냥 블랙홀에 대해서 물어보는 게 나을 뻔했어.

"그냥 눈으로 보면 별들은 다 똑같은 거리에 있는 것 같아." 루카가 말했어.

"큰수레자리(북두칠성) 가운데 가장 밝게 빛나는 별의 빛이 지구에 도

달하기까지는 약 120광년이 걸려." 이모가 계속해서 설명을 이어 갔어. "지구에서 가장 가까운 별도 그 반이나 걸리지. 나머지 별들은 80광년 정도 떨어져 있어. 자기들끼리도 전혀 가깝지가 않아."

"그러니까 정리해 보면, 별자리는 각 나라 사람들이 저마다 원하는 대로 해석한 거라서 진짜가 아니라는 거지? 여기까지는 이해가 됐어." 내가 말했어. "그런데 이번에는 밤하늘에서 서로 가까워 보이는 별들이 실제로는 그렇지 않다는 거야? 이건 하늘을 망가뜨리는 짓이야. 하늘이 불쌍해!"

"그런 게 아니야. 이모는 너희가 잘 이해하도록 설명해 주려는 거야. 우리가 보는 대부분의 별들은 태양과 같아. 하지만 우주의 다양함을 설명하기 위해서 다른 별들에 대해서도 이야기를 한 거지. 그리고 별자리 신화는 어떤 것이든 특별해. 내가 가장 좋아하는 별자리 신화를 들려줄까? 북극성을 찾고, 거기에서 거의 직각으로 북쪽을 향해 올라가 보렴. 5개의 별들이 W 혹은 뒤집어진 M 모양을 하고 있는 게 보이지? 바로 카시오페이아자리야. 카시오페이아자리의 별들이 작고 희미한 별들 사이에 잠겨 있는 것처럼 보일 거야. 이제 동쪽으로 시선을 옮겨 보렴. 아래쪽으로 강처럼 이어진 별들이 보일 텐데, 저게 바로 은하수야."

"은하수라면 우리가 살고 있는 은하계잖아!" 루카가 말했어.

이모는 목소리를 가다듬고 가장 좋아하는 신화 이야기를 시작했어.

카시오페이아 별자리

짠! 은하게가 탄생했어요

"아주 오래전 인간이 신에게 도전하던 때, 리구리아에 키크노스라는 불행한 왕이 살았어. 그는 강의 요정 클리메네와 태양신 헬리오스 사이에서 태어난 파에톤이라는 젊은이를 사랑하게 되었지. 젊은 파에톤은 날마다 멋진 태양 마차를 타고 하늘을 날아다니며 인간에게 빛과 행복을 가져다주는 아버지의 모습을 존경스럽게 바라보았단다. 하지만 파에톤은 아버지가 자신을 사랑하지 않는다고 느꼈어.

그는 아버지의 사랑을 시험해 보고 싶어서 태양 마차를 하루만 몰게 해 달라고 졸랐어. 태양신은 마지못해 허락해 주었지.

그런데 신과 인간의 운명을 관장하는 운명의 신이 파에톤이 마차를 탔을 때 말들을 날뛰게끔 만들어 버렸어. 파에톤은 신들에게조차 금지된 하늘의 길을 달리고 말았단다. 변덕스러운 운명의 신은, 파에톤이 미쳐 가는 동안 불쌍한 키크노스가 잠 못 이루며 정원에 나와 밤하늘을 바라보도록 일을 꾸몄어. 한순간 불빛 하나가 하늘을 밝히며 나타났지. 그것은 바로 죽음을 향해 달리던 파에톤의 모습이었어. 키크노스의 눈앞에서 사랑스런 파에톤이 우윳빛 강처럼 빛나는 수없이 많은 별들만 남긴 채 사라져 버렸어.

저기 하늘에 보이는 빛나는 길은 변덕스러운 운명의 신이 원하는 대로 미쳐 버린 파에톤과 키크노스의 아픔이 남긴 거란다. 그날 밤 슬픔에 잠긴 키크노스는 파에톤이 지나간 길에 은하수라는 이름을 붙였어."

"멋진 이야기야." 내가 말했어. "그런데 이 이야기 속에는 여자가 단 한 명도 없네? 파에톤의 어머니 빼고는."

"그래서 이 이야기를 좋아하는 거야. 남자들과 사랑이 가득한 이야기니까." 이모가 대답했어.

키크노스
리구리아의 왕

파에톤

"무엇보다 그 남자들이 사랑에 빠지고 아픔을 경험하고 내보이는 일을 두려워하지 않아서 좋아."

뭔가 타는 냄새가 나는 것 같아. 파에톤이 밤하늘을 불태워 버려서 그런가? 이모랑은 더 이상 '남자' 이야기를 하지 않는 게 좋겠어. 다시 수소의 기원에 대한 이야기나 꺼내야겠어.

때마침 구원자 루카가 나타났어. "이모. 은하수가 우리가 사는 은하계지?" 루카가 방금 전에도 꺼냈던 얘기지만, 이모는 이미 파에톤과 키크노스의 사랑 이야기에 푹 빠져서 이번에도 아무말이 없었어.

"은하계는 별들로 만들어졌어. 그렇지?" 아무도 대답을 안 해 주니 루카가 다시 물었어.

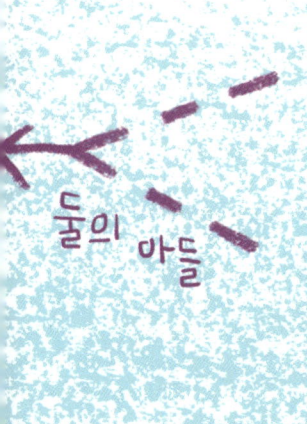
둘의 아들

클리메네

헬리오스,
태양신

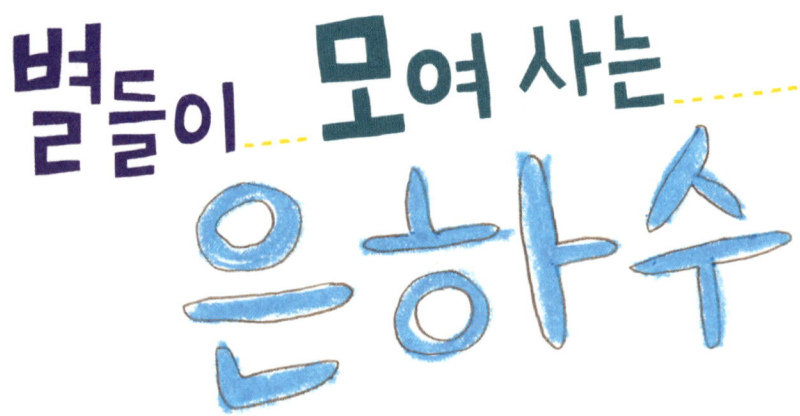

별들이 모여 사는 은하수

"우리가 사는 은하계에는 수천억 개의 별들이 있어. 대부분은 태양과 비슷하고 그 밖에도 우리가 이야기했던 백색 왜성, 적색 거성, 청색 거성 등이 존재해. 하지만 이게 다가 아니야. 우주에는 또 다른 별들이 탄생할 수 있는 많은 양의 가스와 먼지도 있단다. 이 가스와 먼지는 이전에 존재했던 어떤 별의 일부분일 거야. 별은 자신의 일부를 우주에 남기고 새로운 별을 탄생시키며 계속해서 순환하는 삶을 살아. 별들은 우리가 종이나 유리, 플라스틱을 재활용하는 것보다 훨씬 더 재활용을 잘하고 있는 것 같아." 이모가 말했어.

"이모, 퇴비도 있어." 학교에서 재활용이 가능한 물질들에 대해 공부했던 기억이 났어.

"참! 우리 은하계가 나선형으로 생겼다는 건 알고 있겠지? 지름이 약 10만 광년인 원반이 가운데에 있어. 이런 나선 은하의 한가운데를 은하핵이라고 부르지. 은하핵에는 굉장히 많은 별들이 밀집해 있어. 가장 밝게 빛나는 은하의 중심이야. 이곳에서부터 원반을 따라 나선팔이 뻗어 나오는데, 팔이 몇 개인지는 제발 물어보지 말아 줘. 아직까지 내 동료들도 이 문제 때문에 서로 싸우고 있어. 어쨌든 우리의 태양이 바로 이 팔 위에 있단다. 원반의 위아래에는 수십만 개의 별들이 모여 공 모양을 이

루는데 이를 구상 성단이라고 부른단다.

 구상 성단은 적어도 150개가 존재하는 것으로 알려졌어. 하지만 그게 다인지는 알 수 없어. 구상 성단은 천문학 연구에서 굉장히 중요해. 가스와 먼지가 존재하지 않고 오로지 별들로만 이루어졌기 때문이야. 천문학자들은 구상 성단의 별들이 동시에 탄생했을 것이라고 믿고 있어. 그렇게 탄생한 별들이 주변의 가스를 흡수하고 소모하면서 질량에 따라서 각기 다른 별로 진화했지. 구상 성단은 나이가 아주 많아. 가장 큰 별들은 이미 죽은 지가 꽤 오래되었어. 연구가 더 진행되면 정확한 나이도 알아낼 수 있을 거야. 그러면 은하수가 얼마나 오래되었는지, 더 나아가 우주의 나이는 얼마나 되는지도 알 수 있겠지. 우주는 우리 은하계가 태어나기 전부터 존재하고 있었으니까."

"그럼 우리 은하계는 언제부터 있었어?" 이모가 그 무시무시하게 어마어마한 숫자들을 또 나열할까 봐 조금 겁이 났어.

"구상 성단처럼 가장 오래된 별들로 봐서 은하수의 나이는 약 132억에서 136억 살 정도일 거야. 빅뱅이 일어나고 얼마 안 되어 탄생했다는 얘기지. 은하계의 원반은 더 늦게, 그러니까 약 70억 년에서 100억 년 전 사이에 만들어졌어. 우리 은하계의 별들은 확실히 구상 성단의 별들보다는 더 젊거든. 지금 이 순간에도 새로운 별들이 계속해서 태어나고 있단다!"

별과 태양계의 탄생 이야기

"별은 거대한 가스 구름에서 태어나. 먼저 몇십 광년에 걸쳐 펼쳐져 있던 가스 구름이 어떤 이유에선가 수축하면서 압축되기 시작해. 어떻게 그렇게 되느냐고? 그건 말이지……." 이모가 갑자기 말을 멈췄어.

지금 내가 잠에 빠져들고 있다는 것은 알겠어.

"가스 구름이 수축하며 안쪽으로 모이게 되면 그 속에 있던 물질들이 덩어리를 이루지." 이모가 계속해서 말했어. "그리고 덩어리들이 중력 때문에 다른 물질들을 계속해서 끌어당겨. 이런 과정이 이어지면 마침내 별이 탄생하고 그 둘레를 먼지와 가스로 된 원반이 회전하게 돼. 태양계에서는 이 원반에서 먼저 원시 행성들이 생겼어. 미행성이라고도 하

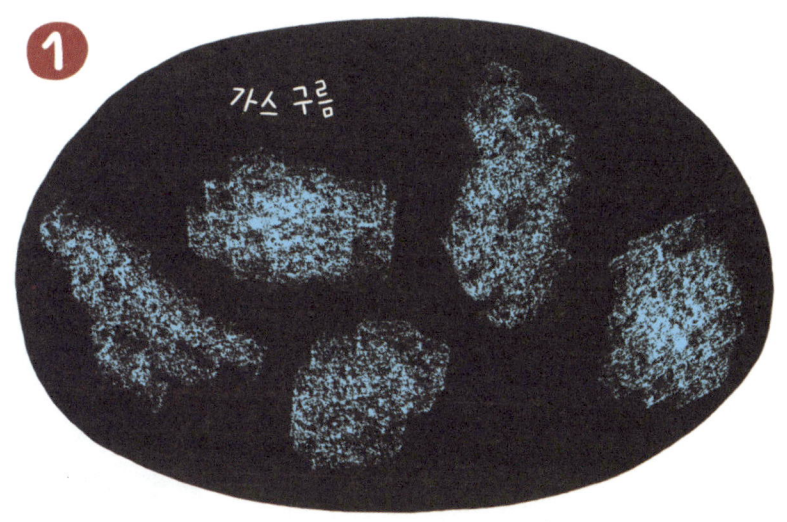

지. 이 원시 행성들로부터 태양과 가장 가까운 곳에 행성들이 탄생했어."

"원시 행성이 태양 주위에만 만들어진 건 아니지?" 루카가 물었어. "태양계 밖에도 행성들이 있다고 들었어."

"맞아." 내가 대답했어. "은하계에는 엄청나게 많은 별들이 있어. 당연

히 다른 행성들도 존재하겠지!"

"많은 천문학자들도 그렇게 생각해. 실제로 태양 말고 다른 별들의 궤도에서 수백 개의 행성이 발견되기도 했어. 대부분은 지구보다 질량이 몇백 배나 크고, 중심으로 삼아 도는 별과의 거리가 아주 가까워서 사람이 살 수 없는 행성이야. 그래도 이모는 우리 은하계에 지구와 닮은 행성들이 수만 개는 존재할 거라고 믿어. 몇 년 뒤 너희가 대학을 들어갈 때쯤이면 그 행성들을 발견할 수 있는 도구가 생길 거라고 생각해. 천문학은 굉장한 인내가 필요한 학문이야."

"이렇게 많은 행성들 중 어딘가에는 분명 우리처럼 지적 능력을 갖춘 생명체가 살고 있을 거야." 내가 말했어.

"나도 그렇게 믿는단다." 이모가 대답했어. "하지만 아직까지는 아무런 증거가 없어. 게다가 다른 행성에 실제로 그런 생명체가 살고 있다고 하더라도 그들과 연락을 주고받는 건 굉장히 어려운 일이야. 지구의 나이는 40억 살이 넘었고, 호모 사피엔스가 지구에 살기 시작한 건 몇십만 년 전이지. 게다가 우리가 전파를 사용할 수 있게 된 건 불과 100년 사이의 일이야. 그러니까 지구에 지적인 생명체가 살게 된 것은 우주의 시간에 비하면 아주 잠깐에 지나지 않아.

거리도 문제야. 예를 들어 지구와 쌍둥이인 행성이 은하계의 중심부를 기준으로 반대편에 있다고 가정해 보자. 그리고 이 쌍둥이 행성이 우리가 사는 지구와 같은 속도로 발전했다고 생각해 보는 거야. 지구는 은하계의 중심부에서 약 2만 5000광년 떨어져 있으니까 쌍둥이 지구는 우리 지구로부터 5만 광년이 떨어져 있는 셈이야. 바로 지금 이 순간에 외계 이모와 조카들이 추운 밤에 산 위에서 수다를 떨고 있다고 상상해 보렴. 우리가 만약 '안녕 얘들아! 어떻게 지내니?'라는 메시지를 보내면 우리의 쌍둥이들은 그 메시지를 5만 년 후에나 받을 거야. 그들이 그 메시지를 받고 해독해서 우리 쪽으로 답을 보낸다고 생각해 볼까? '우리는 잘 지내! 너희는?' 이 답신이 우리에게 도착하기까지는 또 5만 년이 걸릴 거야. 이런 식으로는 대화를 할 수 없어!"

"글쎄." 루카가 끼어들었어. "그래도 분명 방법이 있을 거야."

"물론 간절히 원하면 불가능한 일은 없단다." 이모가 대답했어.

어떻게 지내니?

거리 : 25000 광년

은하수 저 너머로!

외계 친구들의 연락을 기다리는 동안 몇몇 밝은 별들을 찾는 방법이 떠올랐어. 큰수레자리(북두칠성)를 잘 보면 국자처럼 생겼어. 국자의 손잡이를 똑바로 따라가면 매우 밝게 빛나는 별이 하나 나오는데 그게 바로 아르크투루스야. 나는 이 별을 그다지 좋아하지 않아. 물론 과학적으로는 어떤 별을 특별히 좋아하지 않는다는 게 말이 안 될 거야. 하지만 과학자들도 자기가 가장 좋아하는 별이 있지 않겠어?

아르크투루스에서 같은 방향으로 더 연장해 가면 밝게 빛나는 또 다른 별이 하나 나와. 그건 처녀자리의 스피카야.

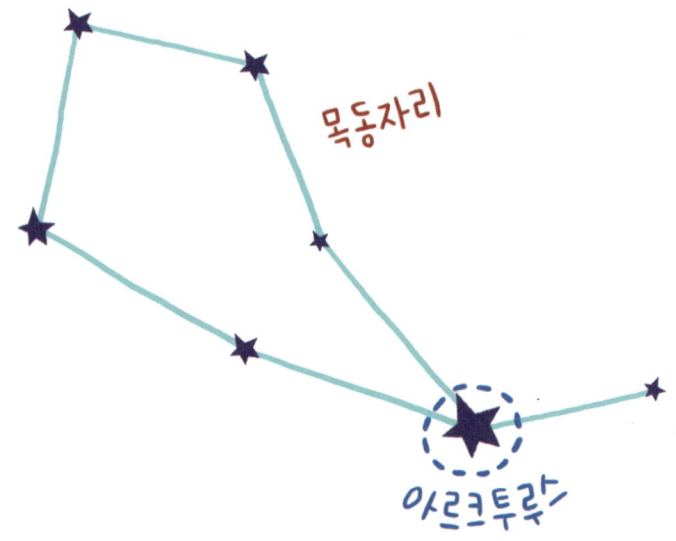

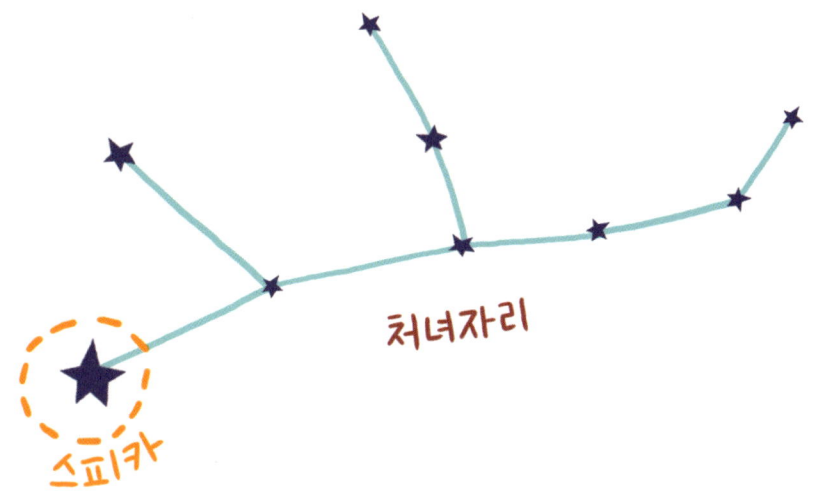

"처녀자리와 큰곰자리 사이의 별들을 머리털자리라고 해. 서쪽으로 시선을 옮기면 사자자리도 금방 찾을 수 있어. 처녀자리, 머리털자리, 사자자리에는 밝은 별이 많지 않아서 상대적으로 어두워 보여. 하지만 다양한 형태의 은하들로 가득 차 있지. 예를 들어 처녀자리 쪽에는 서로 중력으로 끌어당기고 있는 약 2000개의 은하들이 모여 있어. 은하수도 약 50개의 은하로 이루어진 은하군에 들어 있단다." 이모가 말했어.

"이모! 그럼 그 은하들은 우리 은하로부터 얼마나 멀리 있어?" 내가 물었어.

"어떤 은하들은 우리 은하 안에 있어. 은하들은 우주를 돌다가 서로 교차하기도 해. 이건 볼로냐 관측소에서 일하는 친구 미켈레가 동료 천문학자들과 발견한 사실인데, 큰개자리의 왜소 은하는 우리 은하와 교차하면서 우리 은하의 중력 때문에 분해되고 있어. 우리 은하한테 많은 별과 가스를 빼앗긴 거지."

"거 봐! 큰개자리를 보는 게 낫다고 했잖아. 내가 옳았어." 루카가 말했어. 자기가 가장 좋아하는 두 은하의 거대한 충돌에 대해 말하는 중인데, 거기엔 관심도 없나 봐.

"처녀자리의 은하들은 우리 은하에서 약 6000만 광년이나 떨어져 있어. 그곳에 만약 외계 생명체가 살고 있다면 지구의 6000만 년 전 모습을 보고 있을 거야. 공룡이 살고 있던 그때 말이야. 연락을 주고받을 때 그렇게 오랜 시간이 걸리지만 않는다면 그때 지구의 모습이 어땠는지 우리에게도 전해 줄 수 있을 텐데 아쉽구나."

"이모, 사람들이 지구가 우주의 중심이라는 생각에서 벗어나는 데에는 참 많은 시간이 걸렸잖아. 처음에는 코페르니쿠스가 우주의 중심이 지구가 아니라는 걸 발견했고, 그 뒤에는 태양도 우주의 중심이 아니라 한 은하의 외곽에 있다는 걸 발견했어. 사람들은 이제 태양 같은 별들이 무수히 많다는 것을 알아. 행성을 거느리고 있을지도 모르는 몇천 억 개의 별들로 이루어진 은하가 존재한다는 것도 알지. 우주 전체를 놓고 보면 우리는 아주 작은 존재에 불과해!"

"맞아. 정말 그래. 우리 셋이 이렇게 모여서 이야기할 수 있다니 참 행운이지." 이모가 말했어. 그러고 나서 갑자기 루카와 내게 고개를 숙이며 인사를 하고는 우리를 꼭 끌어안으며 뽀뽀 세례를 퍼부었어. 이런 이모의 모습은 처음이야!

놀라워!

빅뱅에서 태어난 자손들

"깜짝이야, 이모!" 루카가 웃으면서 말했어. "내 생각에는 우주도 처음 태어났을 때 이렇게 했을 것 같아! 빅 뽀뽀 뱅! 맞지?"

"우주가 뽀뽀에서 태어났다고?" 루카에게 몸을 숙인 채로 이모가 말했어. "많은 사람들이 우주가 폭발에서 탄생했다고 믿고 있지. 좋은 생각이긴 하지만 그건 사실이 아니야. 어떤 물체가 폭발한다는 것은 그 물체의 파편들이 주변 공간으로 퍼지는 것을 말하는데 우주에는 파편들이 퍼질 수 있는 주변 공간이 없었어. 우주 스스로가 공간을 만들어 냈다고 보는 게 옳아. 더 쉽게 말하자면 우주는 이미 존재하는 어떤 공간에서 생겨난 게 아니라 우주 그 자체가 팽창하며 태어난 거야."

"그러니까 우주는 빅뱅 이전에는 존재하지 않았다는 거지?"

"존재했더라도 지금 우리가 알고 있는 모습은 아니었을 거야. 빅뱅이 우주의 팽창을 일으켰고, 그래서 시간과 공간이 생겼다는 건 사실이지만, 이런 사실을 다 이해하기는 어렵지. 상상하기조차 힘들다는 걸 알아. 과학자들도 어려워하는 일이란다. 우리는 빅뱅이 무엇인지 정확히 알지 못해. 사실 빅뱅 이론은 우주의 탄생이 아니라 그 이후에 일어난 일을 더 많이 설명하고 있어. 오늘날 물리학과 우주에 관한 여러 이론 덕분에 우리는 우주의 기원부터 지금까지 거의 모든 우주의 역사를 하나의 큰 틀

로 이해할 수 있어."

"이모, 추워졌어." 내가 끼어들며 말했어. "차로 돌아가도 될까?"

"그렇게 하자. 그러고 보면 우주도 추위와 관련이 많아. 빅뱅 이론에 따르면 우주는 탄생한 직후에는 온도가 무척 높았어. 아주 작은 입자들과 빛이 한데 모여서 균형을 이루고 있었지. 빛은 입자로, 입자는 다시 빛으로 계속 변화하는 과정을 거쳤어. 이때 빛은 방출되었다가 곧바로 흡수되는 바람에 멀리 갈 수 없었어. 그러나 우주는 계속해서 팽창하면서 온도가 낮아졌어. 우주가 차가워질수록 점점 투명해졌고, 빛도 더 멀리멀리 갈 수 있게 되었지. 빅뱅이 일어나고 몇십만 년 뒤가 되자 마침내 빛이 완전히 자유롭게 우주로 퍼져 나갔어. 지금 우리가 보고 있는 빛이 빅뱅이 일어나고 몇백 년 뒤의 모습을 그대로 보여 준다는 사실을 생각하면 놀라울 따름이야. 마치 130억 년 전 사진을 보는 것 같아." 머리털자리 쪽 하늘을 바라보며 이모가 말했어.

"그때 우주도 지금과 똑같았을 거야. 갓난아기 우주니까 좀 작기는 했겠지만." 내가 확신에 찬 목소리로 말했어.

"안나가 이번에는 틀렸구나. 초기 우주에는 별도, 은하도, 행성도 없었어. 우주 어디를 가도 밀가루를 고르게 뿌려 놓은 것 같은 모습이었지."

"재미없어. 그럼 내가 그런 밀가루에서 태어났다는 거야?" 루카가 투덜거렸어. 밤이든 낮이든 우주의 긴긴 역사 속 어디에 데려다 놔도 루카

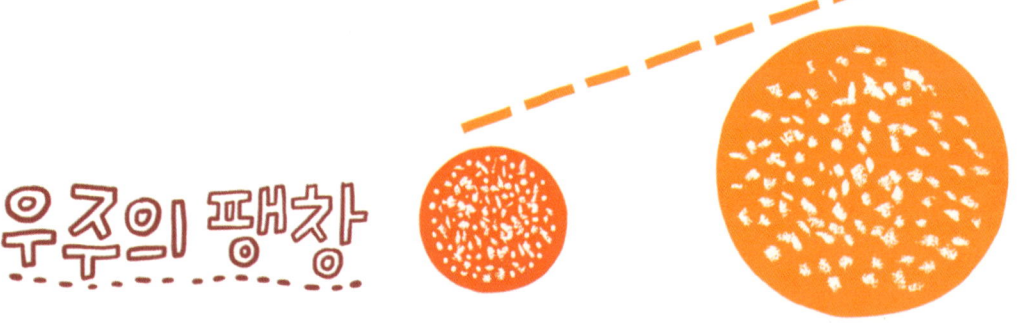

우주의 팽창

는 똑같이 이럴 거야.

"그래. 우리가 이야기했듯이 네가 별에서 태어난 거라면 그 밀가루는 너의 할아버지와 할머니뻘이란다. 이모도, 여기 발밑의 풀도 마찬가지야. 밀가루가 마음에 들지 않으면 생크림으로 바꿔 볼까? 200그램의 밀가루와 100그램의 설탕, 달걀 4개와 바닐린을 조금 넣은 아주 따뜻한 생크림. 어떠니?"

"그게 좋겠어. 밀가루라니 너무해!"

"제대로 된 도구로 관찰하면 그 푹신하고 따뜻한 생크림 속에서 막 만들어진 아주 작은 덩어리들이 보일 거야. 과학자들은 그 작은 덩어리들로부터 초기 은하와 별들, 그리고 오늘날의 우리들까지 만들어졌다고 보고 있지."

"우리가 별과 생크림에서 태어났다는 말이지? 마음에 드는걸." 다시 차에 타려고 할 때 수소에 대한 질문이 또 떠올랐어. 우리 몸에 있는 수

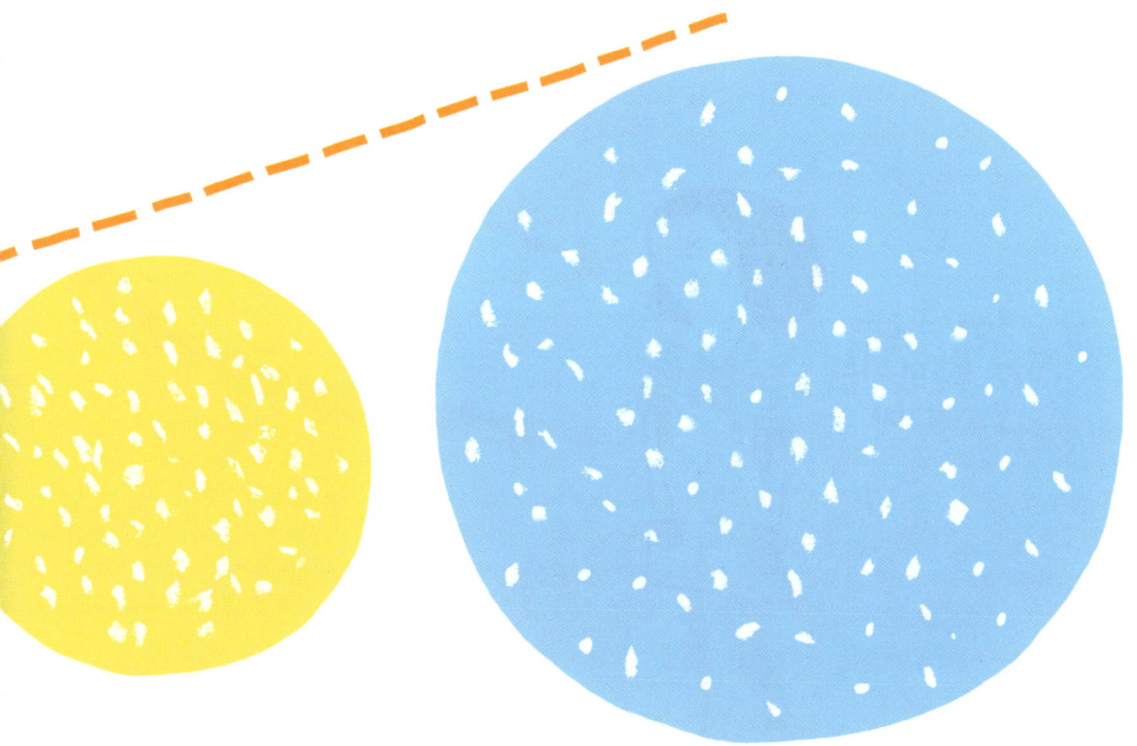

소는 어디에서 온 걸까? 수소가 별에서 만들어진 게 아니고, 모든 것이 빅뱅에서 시작되었다면 수소도 빅뱅에서 생겨났을 거야.

"탄소와 산소 그리고 우리 몸을 구성하는 대부분의 원소가 별에서 왔으니 우리도 별에서 태어난 것과 다름없다고 말했지?" 이모가 물었어.

"팽창하던 우주의 입자들은 대단히 많은 양의 수소와 헬륨을 만들어 냈어. 아주 적은 양의 리튬도 있었지만, 그 외에 우리가 알고 있는 것들은 하나도 없었어. 우리 몸속의 물과 세포에 자리한 수소는 빅뱅에서부터 직접 온 것이지. 이건 너희도 몰랐을 거야!" 이모가 뿌듯한 미소를 지으며 말했어.

나도 미소를 지어 보였어. 사실 나도 그렇게 생각했다는 걸 굳이 이모에게 말할 필요는 없지. 모든 걸 안다고 생각하는 이모의 모습을 보는 게 아주 재미있는걸!

오늘날 우리는 아기 우주의 빛을 보는 거야!

"과학자들은 아까 이야기한 작은 덩어리들로부터 어떻게 은하들이 탄생했는지를 알아내려고 했어. 비밀은 중력에 있었어. 중력은 물질을 지배하는 가장 큰 힘이야. 행성과 별, 은하와 같이 우주에서 새로운 물체가 형성되려면 두 물질 사이를 잡아당기는 중력이 그것을 저지하려는 힘과의 싸움에서 이겨야 해. 오늘날처럼 많은 은하와 별이 존재하지 않았던 시절에 중력은 팽창하려는 우주와 겨루었어. 중력은 천체들이 가까이 모이도록 끌어당기고, 우주는 팽창하면서 천체들이 서로 더 멀어지게 만들었지."

"우리가 여기 있는 걸 보면 중력이 이긴 거지?" 내가 물었어. 이번에는 내가 맞은 것 같아.

"그래. 그런데 너희가 상상도 못할 일이 일어났어." 이모가 대답했어.

"또 아인슈타인의 이론과 관련이 있을 거야!" 내가 자신 있게 말했어.

"아니야. 아인슈타인이 모든 걸 하진 않았어. 만약 우주의 질량이 지금 천문학자들이 확인한 천체들만큼밖에 안 되었다면 은하와 별은 절대로 탄생하지 못했을 거야. 그렇다면 우주의 팽창이 중력과의 결투에서 이겼을 거고, 생크림 속 덩어리들은 녹아 버렸을 거야. 그러면 우리가 먹기에는 더 좋았겠지만 그걸 먹을 수 있는 우리의 입은 탄생하지도 못했

어. 그런데 다행히도 어떤 물질 덕분에 은하가 생길 수 있었어. 이 물질이 몰래 숨어서 생크림 속 덩어리들이 은하를 형성하도록 도와주었지. 이 물질은 빛이 나지 않아서 '암흑 물질'이라고 불려."

"그건 너무 뻔해. 빛나지 않으면 어두운 게 당연하지!" 루카가 말했어.

"암흑 물질이라고 불리는 또 다른 이유가 있어. 그게 어떤 물질인지 아직 모르기 때문이야! 그것이 존재한다는 건 확실해. 암흑 물질이 없었다면 오늘날 우리가 알고 있는 은하도 존재하지 않았을 테니까. 그렇지만 그게 진짜로 무엇인지는 아직까지 미스터리란다. 어쨌든 다시 이야기로 돌아가자면 암흑 물질이 중력에게 승리를 안겨다 주었어. 중력으로 이루어진 둥지에 충분한 물질을 제공해서 수억 년 후 은하가 탄생하게 했지. 그렇게 해서 빅뱅이 일어나고 10억 년 후 우주는 별들로 빛날 수 있게 되었어."

이모가 중력의 멋진 승리에 대해 말하면서 시동을 걸었어. 로제타가 우렁찬 소리를 내며 다시 움직이기 시작했어. 밤이 되니 로제타는 석유로 움직이는 요람이 된 것 같아. 루카는 자기 분재를 마치 인형처럼 꼭 끌어안고는 뒷자리에 쭉 뻗어 몇 분이 채 지나기도 전에 잠들었어. 이모 옆에 앉은 나는 이모가 우주의 운명에 대해 말하는 걸 듣고 있었어. 내가 좋아하는 우주 박사 이모의 말에 집중하고 싶었지만, 자꾸 잠이 쏟아져서 눈꺼풀이 감겼어. 자동차 소리와 잠자는 루카의 숨소리, 이모가 밤하늘의 별들에 대해 흥얼거리는 소리가 자장가처럼 들려왔어. 이렇게 따뜻한 분위기에서 나는 달콤한 잠에 빠져들었어.

03 ★★★ 태양계

왜 태양계라고 부를까?

"참, 안나야. 얼마 전에 이모가 친구와 이야기하다가 갑자기 태양계가 왜 그렇게 불리는지 궁금해졌지 뭐니." 이모가 30분간의 고요한 평화를 깨면서 말했어. 난 이렇게 갑작스러운 질문으로 잠에서 깨길 원치 않아.

"이모, 나 자고 있었단 말이야!" 내가 짜증을 냈어.

"미안. 이모는 네가 잠든 줄도 몰랐어. 사실 네가 우주와 우주의 운명에 대해 계속해서 묻고 있었거든." 이모가 말했지.

"말도 안 돼. 믿을 수 없어!"

이모는 단지 수다가 떨고 싶은 거야. 내가 졌어. 이모가 계속 운전하려면 수다가 필요할 수도 있겠어.

"미안해, 이모. 질문이 뭐였지?"

"왜 태양계가 이런 이름을 가졌을까?"

간단한 것부터 시작해 보는 게 좋겠어. "태양이 있으니까. 이모, 그건 명백해." 내가 너무 톡 쏘는 말투로 대답한 걸까? 하지만 자다가 깼잖아!

"맞아! 하지만 태양계에는 태양 말고도 달과 다른 행성들이 있잖니. 그런데 왜 다른 것들은 빼 버리고 태양계라고 부를까?"

"음, 그러고 보니 태양계가 별로 좋은 이름은 아닌 것 같아." 좋은 대답이 아니라는 것은 알고 있었지만 나는 정말로 잠이 쏟아졌어. 루카는 이미 깊게 잠들어 버렸고.

"어떤 것들은 특별히 서로 관련이 없어도 함께 있을 수 있어. 예를 들어 코 위에 점이 있는 아이들을 모아 놓는다고 치자. 이 아이들은 꼭 서로를 알아야 할 필요가 없지. 하지만 '계'라는 말을 쓰려면 그것을 구성하는 요소들 사이에 관계가 있어야 해."

"그렇다면 행성들이 태양과 관계가 있고, 태양 주위를 돌기 때문이 아닐까?"

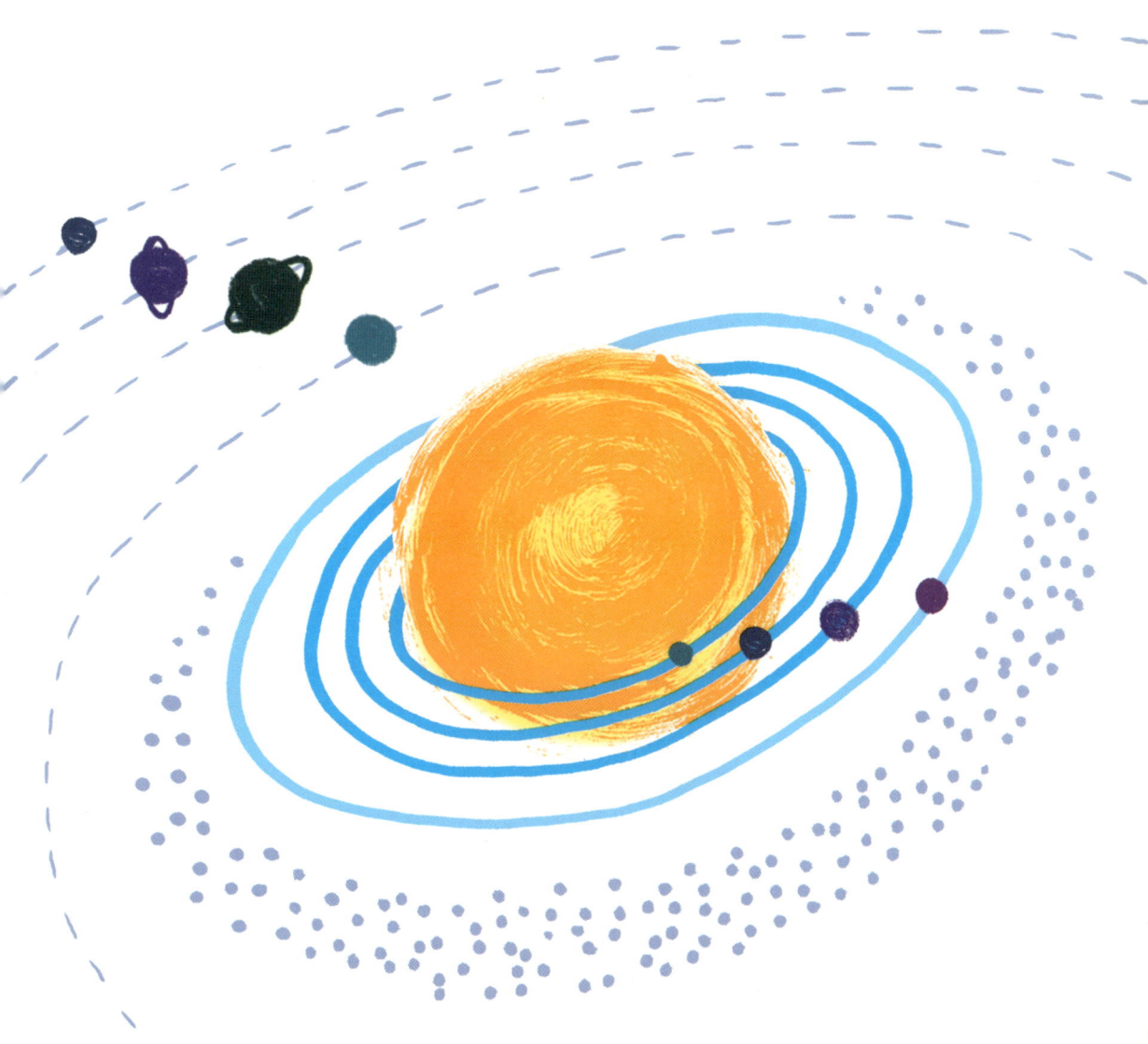

"바로 그거야. 그리고 그 행성들의 주위를 도는 위성도 있지. 태양계의 혜성과 소행성들은 태양과 행성들, 그리고 그 위성들 사이에 작용하는 중력의 영향을 받아. 특히 목성과 토성처럼 큰 행성들의 영향은 더욱 커. 중력의 영향 때문에 태양계의 천체들이 서로 부딪힐 수도 있어. 6500만 년 전에 지구에 떨어져서 공룡의 멸종을 일으켰던 소행성을 생각해 보렴! 또한 태양계에 빛이 존재하는 건 태양 덕분이야. 결국 태양계의 천체들은 그냥 모여 있는 게 아니라 서로 영향을 주고받고 있는 거지. 그래서 '계'라고 하는 거야." 이모가 우쭐거리며 말했어.

창밖을 보니 멀리 해안가 언덕에 자리한 마을의 불빛들이 보여. 루카는 아직 자고 있어. 벌써 새벽 2시야. 출발한 지 6시간이나 지났는데 우리는 계속 수다를 떨고 있어. 이렇게 졸리지만 않았다면 더 재미있었을 텐데 아쉬워!

"이모, 소행성이 지구로 떨어지는 게 진짜로 가능해?" 내가 물었어.

"당연하지. 하지만 매우 드문 일이긴 해. 우주 저 멀리에 인간을 몰살시키려고 호시탐탐 기회를 노리는 돌덩어리들이 가득 있다는 상상은 하지 않았으면 좋겠구나!"

"알겠어. 그래도 어쨌든 있기는 있다는 거잖아!" 루카가 갑자기 수다에 끼어들었어. 잠에서 깨어났을 뿐 아니라 눈빛마저 초롱초롱해졌어. 이런 이야기를 그냥 넘긴다면 내 동생이 아니지!

"텔레비전에서 자주 봤어. 지구에 떨어지는 돌덩어리들이 태양에서 오는 빛마저 가리는 먼지 안개를 만들어서 우리는 결국 추위 때문에 죽게 될 거래! 홍수, 지진, 해진, 쓰나미, 허리케인 그리고 폭풍도 일으킨대."

"최악의 경우에는 그럴 수도 있겠지. 하지만 그건 정말 최악일 경우야!" 이모가 웃으며 말했어.

"아무튼 그런 일이 일어날 수도 있는 거잖아?" 루카가 분재 잎사귀 하나를 조물거리며 우겼어.

  나는 지구에 떨어지는 소행성과 초신성을 사랑하는 내 동생의 모습을 흥미진진하게 지켜보았어.

  "태양계는 우주 안에서도 상당히 안정된 편이야. 대부분의 질량은 태양에 집중되어 있고, 나머지는 각 행성과 왜행성, 그리고 소행성을 포함한 작은 천체들에 나뉘어 있지."

  "왜행성이라고?" 내가 자신 없는 목소리로 물었어. "벌써 적색 거성, 초거성, 백색 왜성에 관해 이야기했어. 도대체가 우주에는 평범한 건 존재하지 않나 봐."

행성 그리고 왜행성

"우주의 별들은 대부분 태양과 같아. 그렇지 않은 것들은 흔치 않지. 흔치 않기 때문에 더 자주 이야기하게 되는 거야. 새로운 발견은 흥미를 끌기 마련이니까. 천문학자들은 태양계 안의 천체가 행성이라고 불리기 위해서는 태양 주위를 공전해야 한다는 걸 첫 번째 조건으로 꼽았어. 그 다음으로는 구 형태를 갖출 것, 그리고 크기가 제법 커서 자신의 궤도를 지배할 수 있어야 한다는 점을 꼽았어. 주변 천체들을 표면으로 끌어당기거나 우주로 밀어 버려서 자신의 궤도 주변을 청소할 수 있어야 한다는 뜻이지. 지구는 태양의 주위를 돌고, 자전으로 인해 극 부분이 눌려진 걸 제외하면 구 형태를 갖추었기 때문에 행성이라고 볼 수 있어. 또한 지

❶ 태양 주위를 공전할 것

구는 별똥별을 만드는 티끌처럼 아주 작은 천체들만 남기고는, 자신의 궤도 주변을 말끔히 치웠지.

　수성, 금성, 목성, 토성, 천왕성과 해왕성도 마찬가지 이유로 행성이라고 볼 수 있어. 하지만 1930년에 발견된 명왕성은 다른 행성들과 다른 점이 있어서 행성이 아니라 왜행성이라고 불리게 되었지. 왜행성은 난쟁이 행성이란 뜻이야. 우선 크기가 굉장히 작아. 궤도도 이상해. 다른 행성들의 궤도에서 위아래로 벗어나 있고, 크게 찌그러져 있어. 그래서 1979년에서 1999년 사이에는 명왕성이 해왕성의 궤도 안쪽으로 들어가기도 했어. 이 기간에는 명왕성이 아니라 해왕성이 태양에서 가장 먼 행성이었단다. 명왕성은 자신의 궤도를 깨끗이 치우지도 못했어. 거의 자기 크기만 한 카론이라는 위성을 가지고 있고, 궤도가 카이퍼 벨트와 겹치기도 해. 카이퍼 벨트는 태양계에서 비교적 바깥 테두리 지역에 있는데, 거기에는 제법 큰 천체들이 수없이 많아."

"이모! 왜행성 이야기는 재미없어!" 루카가 끼어들었어. "지구를 멸망시키는 소행성에 관해 이야기하고 있었잖아! 누나 때문에 이야기가 엉뚱한 곳으로 가 버렸어!"

❷ 구 형태일 것

❸ 자신의 궤도를 깨끗이 치울 것

95

행성들:

수성 금성 지구 화성 목성 토성 천왕성 해왕성

명왕성의 위성인 카론이야.

명왕성은 대표적인 왜행성이지.

크기가 작고 자신의 궤도를 치우지 않잖아!

어저고 저저저고

소행성 무리

"소행성들은 도넛 같아. 태양 주위를 도는데, 대부분이 화성과 목성의 궤도 사이에 있어."

"단단한 도넛이야?" 루카가 또 끼어들었어. 말하는 수준이 정말 아기 같다니까.

"몇 밀리미터부터 몇백 킬로미터까지 여러 크기의 소행성이 띠를 이루어 태양 둘레를 도는데, 그 모양이 마치 도넛 같다는 뜻이야. 그런데 자기들끼리 충돌해서 궤도에서 떨어져 나갈 수도 있어." 옆으로 지나가는 큰 트럭 소리에 이모의 목소리가 묻혀 버렸어.

"소행성들이 궤도에서 떨어져 나가면 무슨 일이 생겨?" 루카가 트럭 소리에도 전혀 놀란 기색 없이 물었어.

"아예 태양계 밖으로 달아나거나 지구와 같은 태양계 내의 행성 쪽으로 떨어지게 되지. 어떤 것들은 지구 옆으로 아주 가깝게 지나가는 바람에 큰 위협이 되기도 해. 지금까지 알려진 바로는 1000개 정도가 지구에 위협적이라고 해."

"그러면 어떻게 막아?" 이번에는 내가 물었어.

"우선은 소행성들이 아직 먼 곳에 있을 때 미리 발견해야지. 새로운 소행성을 발견하면 곧바로 위치와 속도를 계산해. 그런데 이 계산이 완벽

하지는 못해서 어떤 위협을 가할 것인지 정확히 예측하기는 어려워. 하지만 우주 공간을 여러 지역으로 나누고 소행성이 각 지역을 지나갈 확률을 계산할 수는 있어. 이런 계산과 관측을 거듭하다 보면 소행성의 속도와 위치에 대한 정보가 점점 늘어나. 그러면 소행성의 정확한 궤도는 알 수 없더라도 소행성이 지나갈 지역은 더 정확하게 예측할 수 있단다."

"그렇게 과학적으로 분석해 보니 지구를 향해 달려오고 있는 소행성이 있다는 거지? 그럼 이제 우린 어떡해?" 루카가 믿을 수 없다는 듯 이렇게 물었어.

"일단은 집에 있는 코코아를 다 마셔야지!" 내가 끼어들며 말했어.

"어떤 사람들은 폭탄을 쏘아서 산산조각 내자고 하기도 해." 이모가 대답했어. "공상 과학 소설 같은 방법을 떠올리고는 우주선을 보내서 소행성이 아직 지구에서 멀리 있을 때 없애 버리거나 다른 우주선에 소행성을 묶어서 지구로부터 먼 곳으로 치워 버리자고 하는 사람도 있어."

"어쨌든 난 이 소행성이라는 게 정확히 무엇인지 잘 이해가 안 돼. 태양계가 안정되어 있다는 건 사실이 아닌 것 같아." 자신 없는 목소리로 내가 말했어. "이곳저곳에서 부딪히는 천체들이 일을 너무 복잡하게 만들어. 여기 지구에 사는 우리 목숨까지 위험하다니……."

"아까 태양이 가스와 먼지 구름에서 생겨났다고 말했어. 그럼 태양계가 어떻게 생기게 되었는지 기억나니? 태양이 만들어지면서 그 주위로 가스 원반이 생겼는데, 원반 내의 얼음 조각과 먼지들이 서로 충돌하고 합쳐지면서 작은 천체들이 생기기 시작했지. 이 천체들을 원시 행성이라고 해. 원시 행성들은 계속해서 먼지와 가스 혹은 다른 원시 행성들과 합쳐졌지. 시간이 흘러 사라지지 않고 몸집을 키운 원시 행성은 행성이 될 수 있었어. 끝내 행성이 되지 못한 원시 행성도 소행성이라 볼 수 있어. 행성이 다른 커다란 천체와 충돌하면서 떨어져 나온 조각도 소행성이라고 해. 단순히 추측에서 나온 얘기는 아냐.

 오늘날에는 실제로 그렇게 탄생한 소행성들이 밝혀졌는데, 가장 대표적인 예가 '트로이 소행성군'이야. 이 소행성 집단은 행성들의 궤도 위아래에 분포하는데, 폭은 약 1억 5000만 킬로미터에 달하고 높이는 4억 5000만 킬로미터에 달하는 탑 모양으로 퍼져 있지. 탑의 높이가 지구와 태양 사이 거리의 3배나 돼. 트로이 소행성군은 태양계에서 가장 큰 행성인 목성의 앞뒤로 같은 거리에 두 무리로 나뉘어 있어. 이들은 태양 주위를 공전하는 목성의 궤도를 좇아 목성을 호위하듯 따른단다."

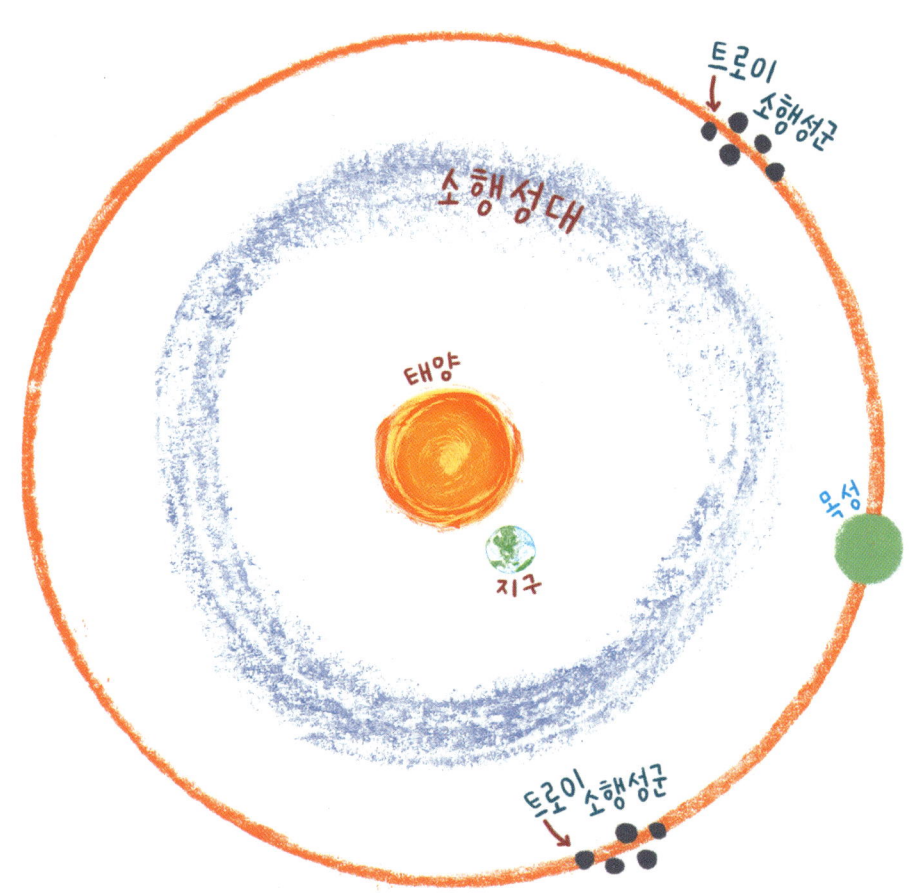

꼬리가 긴 혜성

"이모! 나, 루린 혜성 봤어." 루카가 자랑스럽게 말했어.

맞아. 루카네 학교에서 루린 혜성을 관측하기 위해 야간 체험 학습을 한 적이 있어.

"혜성은 먼지로 더러워진 눈덩이래." 흥분한 루카가 이어서 말했어. "그래서 태양과 가까워지면 뜨거워져서 가스가 되어 날아가!"

"맞아! 혜성의 특징인 꼬리는 핵에서 승화한 가스와 자기가 끌고 온 먼지로 구성되어 있어."

"갑자기 끼어들어서 미안하지만, '승화'가 무엇인지 설명 좀 해 줘." 내가 물었어. 루카도 아는 걸 내가 모른다니 참을 수 없어!

"우주에서는 고체가 기체로 곧바로 변할 수 있어." 이모가 설명을 이어갔어. "그건 마법이 아니야. 우주가 비어 있기 때문에 얼음 분자가 충분한 열을 받으면 날아갈 수 있는 충분한 속력을 얻게 돼. 반면 지구에서는 대기가 뚜껑 역할을 해서 얼음 분자가 녹아서 날아가 버리는 걸 막지. 그래서 얼음 분자가 기체가 되어서 날아가려면 먼저 액체가 되어서 에너지를 축적하고 속도를 점차 높여야 해."

"그런데 도대체 그게 혜성과 무슨 상관이야?" 내가 또 물었어.

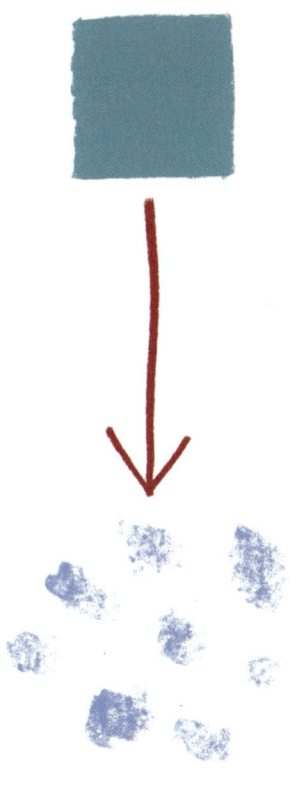

"혜성은 산 하나만 한 크기의 눈덩이야. 이 눈덩이의 대부분은 얼음인데, 물뿐 아니라 메탄이나 산화 탄소 같은 가스들이 언 거야.

이 가스들은 지구에도 있어. 산화 탄소는 오염을 일으키는 주범이지. 메탄은 부엌의 가스레인지나 집 안의 난방을 위해 유용하게 사용되기도 해. 태양계의 가장 추운 지역에서 이 가스들이 고체인 얼음으로 변하면서 혜성이 만들어져. 얼음으로 된 산에 먼지를 섞고, 지구에서 흔히 볼 수 있는 암석과 석탄을 조금 넣는다고 생각해 봐. 그걸 아주 잘 섞으면 마침내 너희 손에는 엄청 크고 더러운 눈덩이가 들려 있을 거야. 이 눈덩이가 태양 가까이 갈수록 밝게 빛나면서 녹기 시작하고, 그러면서 얼음이 승화되어 꼬리가 생기는 거란다."

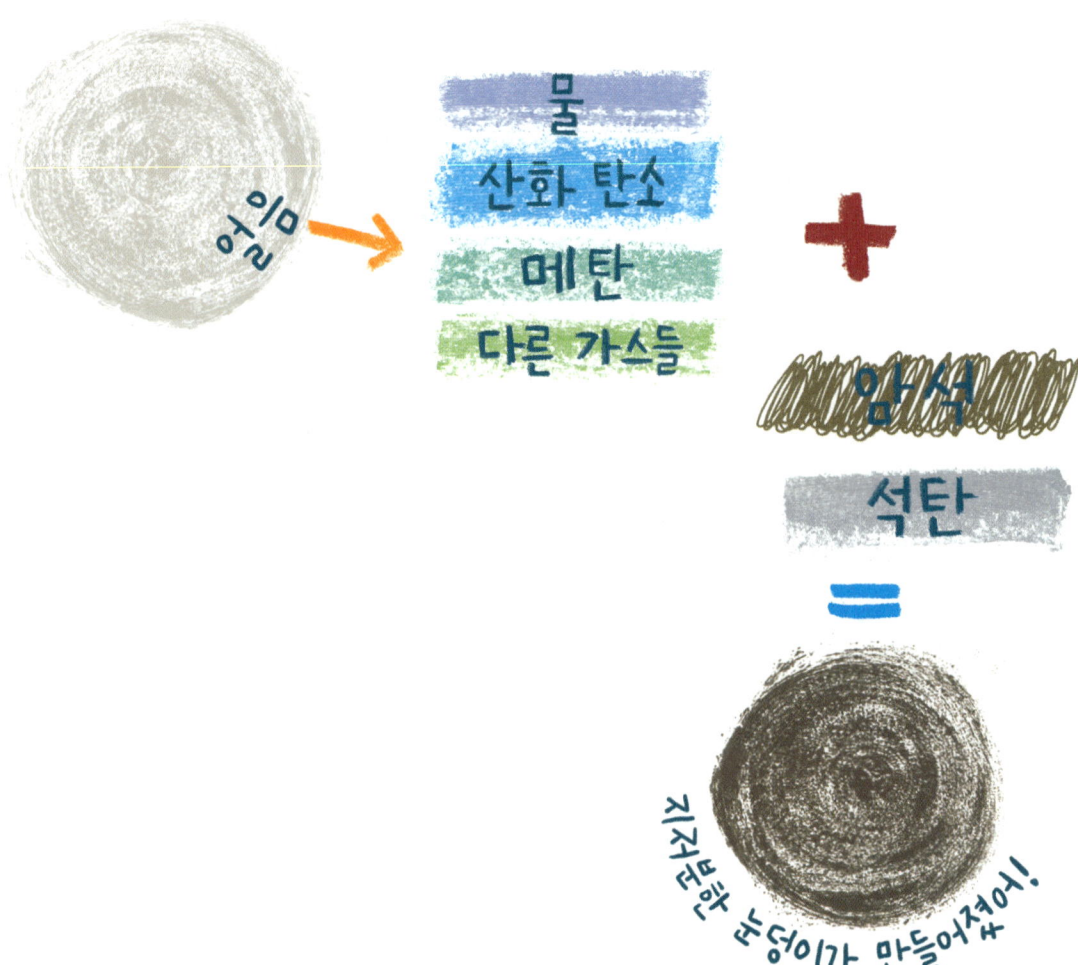

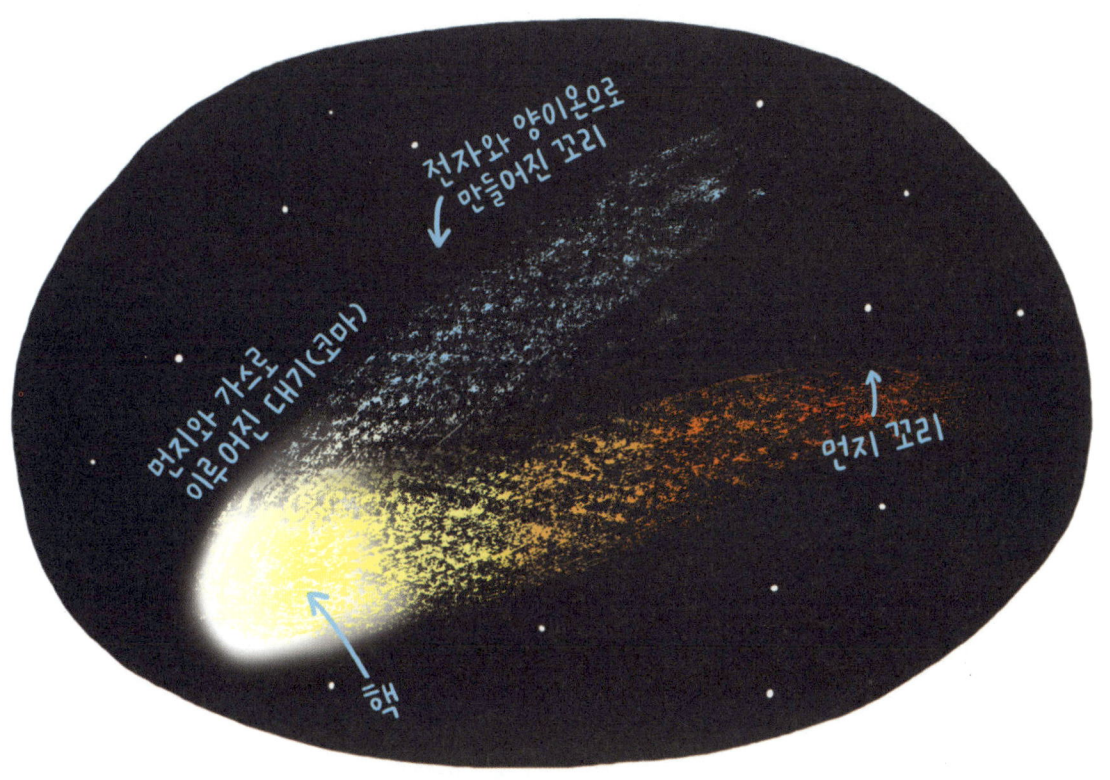

"태양이 혜성의 꼬리를 만든다는 거지?" 내가 나지막하게 말했어.

"맞아. 얼음이 승화되면서 그 속에 갇혀 있던 먼지를 떨어 버리는데, 이 먼지가 가스와 함께 혜성의 핵인 지저분한 눈덩이를 껍질처럼 둥글게 둘러싼단다. 이 껍질을 코마라고 해. 코마는 지구의 대기보다 무려 3배, 4배, 10배까지 커질 수 있어! 혜성이 차츰 태양에 가까워지면 코마에서부터 꼬리가 늘어나기 시작해. 몇십만 킬로미터까지 늘어나기도 하지. 혜성의 꼬리는 가스와 먼지, 그 밖의 다른 입자들로 구성되어 있어. 사실 혜성은 어떤 도마뱀들처럼 꼬리가 2개야. 하나는 전자와 양이온 같은 전기 입자들로 이루어졌고 푸른빛을 내. 다른 하나는 붉은빛을 내고 먼지로 이루어져 있단다."

"태양이 우리에게 이런 광경을 선사해 주어서 좋아." 내가 말했어.

"하지만 태양은 혜성을 집어삼키는 무서운 존재야! 태양은 종종 혜성이나 태양계의 작은 천체들이 마지막으로 도착하는 곳이 되지. 혜성과 작은 천체들의 궤도는 행성들의 궤도와 달리 안정되어 있지 않아. 만약 혜성이 태양 옆을 지나갈 때 충분한 안전거리를 확보하지 못하면 태양의 중력에 이끌려 태양으로 추락하고 말아. 이렇게 극적인 죽음을 맞이하지 않는 혜성들도 태양 때문에 점점 작아져. 혜성은 태양 주위를 지날 때마다 얼음의 일부를 잃어. 눈덩이의 크기와 질량이 점점 줄어서 눈이 다 녹아 없어지면 혜성은 바위처럼 변해. 결국 소행성처럼 되는 거지."

"소행성과 혜성이 같다는 뜻이야?" 루카가 혼란스러워하며 물었어.

"그건 아니야. 태양계는 아주 다양한 천체들로 구성되어 있어. 그 천체들은 크기가 제각각이고 서로 관련되어 있어.

최근 20년 사이에 해왕성과 명왕성의 궤도 너머에서 얼음 암석들이 발견되었어. 이 암석들은 행성에서 떨어져 나간 게 아니고, 태양과 멀어질수록 점점 두꺼워지는 띠 모양으로 흩어져 있다는 사실도 알아냈지. 바

로 카이퍼 벨트란다. 암석이라고 해서 작은 돌멩이는 아니야! 명왕성만큼 큰 것도 꽤 많아. '1992 QB1'이라고 부르는 것은 지름이 무려 150킬로미터나 돼"

"그런 암석이 얼마나 많아?" 내가 물었어.

"정확하게 밝혀지지는 않았지만 무척 많아. 만약 명왕성과 같은 천체가 많다면 그것들도 전부 행성이라고 불려야 하겠지만 우리는 태양계가 수백 개의 행성들로 채워지는 걸 원치 않아! 그래서 그 큰 암석들을 행성으로 승격시키기보다는 명왕성을 왜행성으로 격하시키기로 했어."

"아쉬워. 명왕성은 내게 일곱 난쟁이의 멍청이 같은 존재였거든." 내가 말했어.

"이젠 정말 난쟁이가 됐으니까 기뻐해야 하지 않아?" 루카가 끼어들었어.

"카이퍼 벨트에는 천체들이 밀집해 있어. 지금까지 관측된 바로는 약 20킬로미터의 지름을 가진 작은 천체가 수억 개, 혜성의 핵 크기만 한 것들은 50억에서 100억 개가 있대. 혜성들의 집이라고 할 수 있지. 좀 더 정확하게는 76년마다 태양에 가까워지는 핼리 혜성처럼 자주 나타나는 혜성들의 집이라고 해야겠다."

"76년이 자주라고? 마치 '버스를 놓쳐도 76년만 기다리면 된다.'라고 하는 것 같아. 혜성 버스라니 멋져." 나는 내가 타고 다니는 버스를 떠올렸어. 그 버스는 도착 시간이 정확한 편인데도 사람들이 어찌나 불만이 많은지 몰라. 나는 왠지 그 버스에 정이 가. "내가 타는 68번 버스는 항상 정확해. 그리고 자주 와." 내가 무지 자랑스럽게 말했어.

"핼리 혜성도 정확한걸. 공전 주기가 200년 이하인 혜성들을 '자주' 나타난다고 해. 몇백 년이 지나야 돌아오는 혜성들도 있거든. 이런 혜성들은 아마도 '오르트 구름'의 파편일 거야. 오르트 구름은 태양계를 몇 광년에 걸쳐 달걀 껍데기처럼 싸고 있는 혜성들의 집이라고 보면 돼. 우리는 달걀의 한가운데에 있는 셈이지."

"오르트 달걀! 이름이 마음에 들어." 루카가 말했어.

지구에 생명체가 탄생하기까지

"지금부터 할 이야기는 더 마음에 들 거야." 이모가 자신 있게 말했어. "지구에서 생명체가 어떻게 탄생했을까?"

"그건 종교에 따라 달라!"

"맞는 말이야. 그럼 질문을 바꿔 볼게. 어디 보자. 이모와 같은 과학자들에게 생명이란 자손을 남길 수 있고, 주위의 환경과 에너지를 주고받을 수 있는 능력이 있고, 다윈이 주장했던 것처럼 세월이 지남에 따라 진화하는 것을 뜻해. 물론 생명을 단지 몇 마디로 정의할 수는 없지. 방금 내가 말한 것도 여러 가능성 중 몇몇에 불과할 뿐이야. 일단 우리가 유일하게 아는 지구의 생명체에 대해 이야기해 보자. 우주에서 만난 것이 생명체인지 아닌지 알아볼 때도 지구 생명체의 특징을 기준으로 삼을 테니까. 지구의 생명체는 아미노산이라는 분자를 바탕으로 해. 아미노산은 탄소, 산소, 질소로 구성되어 있어. 아주 가끔 황이 들어갈 때도 있지. 바로 이것이 지구의 생명을 만드는 벽돌 같은 역할을 했어. 빅뱅 이후의 우주는 수소와 헬륨으로 구성되어 있었잖니. 생명이 탄생하려면 아미노산을 이루는 원자를 생성할 능력이 있는 첫 번째 별의 등장을 기다려야 했어. 여기서 문제는 두 가지야. 그 원자들이 어떻게 서로 결합하여 아미노산을 만들어 냈을까? 그렇게 해서 생겨난 아미노산이 어떻게 살아 있는

생명체를 탄생시킬 수 있었을까?"

"내가 그걸 어떻게 알아." 루카가 말했어.

"나도 몰라!" 나도 질세라 곧바로 외쳤어.

"사랑하는 조카들아, 이모도 몰라!" 이모가 마치 노래를 부르듯 말했어. "다만 어떤 사람들은 혜성이 아미노산을 만들기에 가장 좋은 장소라고 믿고 있어. 실제로 망원경이나 우주 탐사를 통해 혜성의 핵을 관찰해서 그 증거를 발견하기도 했고. 그러니까 오르트 구름, 그래, 너희가 원하면 오르트 달걀이라고 부르자. 아마도 오르트 달걀에서 출발한 혜성이 생명을 만드는 데 필요한 원소들을 가지고 와서 우리 지구에 아미노산 씨앗을 뿌렸을 거야. 그렇게 해서 지구가 태어나고 10억 년 뒤 생명체가 살게 되었지. 지구는 46억 살이나 먹었어."

"닭보다 달걀이 먼저네!" 내가 말했어. "오르트 달걀이 먼저 있었고 닭은 그 뒤로도 한참 뒤에 태어났으니까!"

"아직 아미노산 벽돌들이 어떻게 합쳐져서 생명체를 만들었는지는 아무도 몰라."

"나는 안 만들었어." 루카가 말했어.

"나도 아냐." 나도 똑같이 대답했어.

"알았어. 얘들아, 벌써 새벽 3시가 다 되었어. 이제 리보르노 근처까지 왔으니 바다로 가 보자." 고속도로를 빠져나오면서 이모가 말했어.

"뭐라고?"

"산에 갔으니까 바다에도 가야지. 이번 여행은 정말 풍성하지 않니?" 이모는 이렇게 말하고 나서는 조용히 운전만 했어. 우리도 너무 피곤해서 조용히 있었어. 루카는 여행 내내 꼭꼭 끌어안고 있던 분재를 잠시 옆에다 내려놓은 것 같아. 창문으로 별들이 보였어. 화성이 수평선 위까지 내려와 있었지. 그러고 보니 화성에 물과 생명체가 있을 수 있다는 이야기를 여러 번 들었던 것 같아.

"화성이 지기 전에 화성인을 볼 수 있었으면 좋겠다!" 바닷가의 모래 속으로 가볍게 발을 밀어 넣으면서 내가 말했어.

"화성에 대해 이야기하는 건 쉽지 않아. 이야깃거리가 정말 많지. 우선 간단한 것부터 시작해 보자. 다른 행성처럼 화성도 자전을 해. 따라서 화성에도 지구와 비슷한 길이의 낮과 밤이 존재하지. 하지만 화성이 태양 주위를 완전히 한 바퀴 도는 데는 23개월이 걸려. 그리고 지구보다 태양과의 거리가 더 멀어서 태양 에너지를 훨씬 적게 받기 때문에 남극만큼 추워. 그렇다면 펭귄이 살기에 좋은 곳일까? 그것도 아니야. 그곳에는 펭귄들이 숨 쉴 수 있는 공기가 충분하지 않아. 조금 있는 공기마저 악취가 심한데, 그 이유는 화성의 공기가 자동차가 배출하는 가스처럼 이산화탄소를 많이 포함하고 있기 때문이야."

"이모, 미국 항공 우주국이 화성에서 물의 흔적을 찾았다고 그랬어." 내가 끼어들며 말했어. "엄청나게 똑똑한 생명체는 없더라도 물고기 몇 마리 정도는 있지 않을까?"

"물고기는 아무도 본 적이 없어. 하지만 박테리아나 원시 미생물 정도가 있을 가능성은 있지. 너희가 너무 실망하지 않았으면 좋겠구나! 더 정확히 설명하면 화성에서 가장 추운 극지방에는 흙이 섞인 물이 존재해.

수십 억 년 전 화성이 아직 젊었을 때는 어쩌면 표면에 바다나 강이 있었을 수도 있지. 대기도 지금과 달랐을 거야. 구름이 있고 비도 오고 얼음도 만들어졌을 테지.

그러다 점차 대기를 잃었고, 대기가 없으니 물이 다 증발해 버린 거야. 냄비에 물을 끓이다가 뚜껑을 열어 놓으면 물이 증발하는 것과 같아. 우리가 마지막으로 기대할 수 있는 건, 어쩌면 화성의 표면 아래에 물이 조금은 남아 있을 거라는 정도야. 아마도 얼어 있는 채로."

"물고기도 없다니 실망스러워! 그렇다면 왜 외계인 얘기를 할 때마다 화성인이 등장하지?"

지오반니 비르지니오
스키아파렐리

화성에 진짜 운하가 있을까?

"화성은 지구와 비교적 가깝고 붉은색을 띤 아름다운 행성이야. 그래서 고대 사람들에게도 잘 알려졌고 언제나 사람들의 상상력을 자극했지. 1877년에 전 세계를 한참이나 놀라게 만든 사건이 이탈리아에서 일어났어. 당시 지구에서 가장 유명한 과학자 가운데 하나였던 지오반니 비르지니오 스키아파렐리는 밀라노의 브레라 천문대에서 하늘을 관찰하고 있었어. 8월의 어느 날 밤, 나무로 만든 지붕 꼭대기에서 별들로 가득 찬 밤하늘을 관찰하다가 그는 화성과 사랑에 빠지고 말았어. 그래서 남은 생을 모두 화성을 관찰하는 데 쏟았지! 마침 그해 여름에는 화성이 우리 행성과 가장 가까이 있었어."

"왜 그랬는데? 화성이 지구 쪽으로 가까워지고 있었다는 거야?"

"화성과 지구는 각자 자신의 궤도 위에서 태양의 주위를 돌아. 원형에 가까운 지구의 궤도와 달리, 화성의 궤도는 조금 찌그러진 타원형이야. 그래서 어떤 때는 두 행성이 더 멀어지기도 하고, 어떤 때는 더 가까워지기도 해. 1877년 8월에는 지구와 화성의 거리가 가장 가까워서 5000만 킬로미터밖에 안 되었어. 빛의 속도로 생각하면 약 3분 거리야."

"그런데 이 과학자가 도대체 화성에서 무엇을 봤어?"

"스키아파렐리는 화성의 남극이 언 것처럼 보인다는 것을 발견했어.

또한 화성의 남반구에서 봄이 시작될 때 극지방의 얼음이 줄어든다는 것도 알게 되었지. 화성은 지구처럼 약간 기울어진 채 자전하기 때문에 지구와 마찬가지로 사계절이 있어. 만약 스키아파렐리의 관측이 옳았다면 얼음이 녹고 있었다는 뜻이야. 이제부터가 흥미진진해. 스키아파렐리는 화성의 봄 기간 중 행성의 표면에 진한 선들이 나타나는 것을 보았는데, 그게 마치 식물로 가득 찬 깊은 골짜기의 모습을 연상시켰단다. 자, 뭐가 떠오르니?"

 "학교에서 들었는데, 고대 이집트인들은 수많은 운하를 만들어서 나일 강물이 제방을 넘쳐흐를 때 그 물을 받아서 들과 밭에 공급했대. 비

천문학자 스키아파렐리는 화성에 화성인들이 만든 운하가 가득할 거라고 생각했어. 그 운하로 물이 흐른다는 거지!

가 오지 않더라도 농작물이 자랄 수 있게 한 거야." 내가 조금 자신 없게 얘기했어.

"물론 스키아파렐리는 골짜기와 운하가 자연이 만들어 낸 것이라고 생각했어. 하지만 그는 상상하기를 좋아하는 사람이었어. 자신한테 질문을 던졌지. '화성인들이 운하를 건설했다면 그들은 어떤 생명체일까?' 그러고는 행성 전체에 물을 공급하는 거대한 운하들을 만들 능력이 있어야 하기 때문에 화성인들이 모두 배관공이어야 한다고 했어! 그리고 반은 농담으로, 화성인들은 물이 없는 이들에게 물을 공급하면서 서로서로 돕는 매우 관대한 생명체라고도 했어."

"관대하고 흥미롭군!" 내가 말했어. "그런데 이모, 스키아파렐리의 화성인들은 모두 어디로 갔어?"

"우선 스키아파렐리의 생각은 틀렸어."

"말도 안 돼! 틀리다니! 이렇게 재미있는 이야기를 해 주고는 틀렸다고 결론을 내리면 어떡해!" 루카가 소리쳤어.

"과학이란 그런 거야. 가끔은 굉장히 좋은 가설을 가지고 모든 걸 이해했다고 자신하지만, 나중에 그 가설이 틀렸다는 게 드러나곤 해. 가설은 버려졌지만 스키아파렐리의 아름다운 상상의 세계는 그대로야. 어쨌든 배관공이면서 관대한 화성인들이 없더라도 우주 어딘가에는 또 다른 생명체가 존재한다고 믿어. 그들이 우리보다 좀 더 똑똑했으면 좋겠어."

우리는 다시 차에 올라탔어. 목적지까지는 대략 70킬로미터가 남았고 새벽 4시지만 우리는 올빼미처럼 깨어 있어.

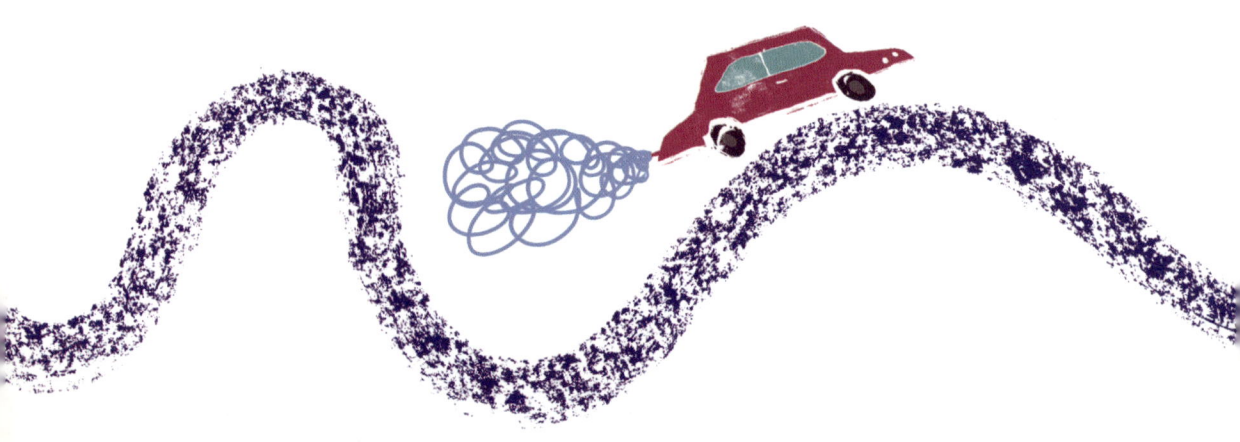

태양계의 크기는 얼마나 될까?

"이모! 나한테는 우주 이야기할 때 가장 이해하기 어려운 게 거리인 것 같아. 가끔은 상상도 못할 정도야."

"맞아. 쉽지 않지. 그래, 이 게임이 도움이 될 거야. 이 게임에는 세 가지가 필요해. 걷는 일과 약간의 상상력, 그리고 루카의 주먹. 루카야, 주먹을 쥐어 우리에게 보여 주렴. 옳지. 잘했어. 보이니?" 우리의 우주 박사 이모가 루카의 자그마한 손을 가리키며 말했어. "그건 태양이야. 지름이 7센티미터쯤 되겠다. 네 주먹이 태양이라고 생각하고 주먹을 쥔 채로 앞으로 걸어가 봐. 보폭은 크지도 작지도 않게 보통으로 하면 돼. 5걸음을 가면 너희는 벌써 수성의 궤도 근처에 있는 거야. 다시 5걸음을 가면 금성의 궤도 가까이에 있는 거고, 거기서 또 4걸음을 가면 지구 궤도야. 여기서 조심해야 할 것이 있어. 만약 태양의 크기가 루카의 주먹만 하다면, 지구는 볼펜에서 잉크가 나오는 부분의 아주 작은 쇠 구슬만 한 크기야. 그러니까 대략 0.5밀리미터 정도 되겠지. 이제 멈춰 서서 볼펜의 구슬과 너희가 멀어진 거리를 보렴. 모두 14걸음이지. 행성들이 그들 사이의 거리에 비해 얼마나 작은지 알겠지? 계속해서 7걸음을 더 가면 화성(볼펜 구슬의 반 크기)이란다. 그 다음 행성인 목성까지는 태양에서 73걸음을 걸어야 해.

이제 점점 재미있어질 거야. 우리 태양계의 거대한 행성 즉, 목성은 루카의 새끼손톱만 한 크기야. 약 0.5센티미터지. 이제 어디를 볼까? 가장 아름다운 행성, 그러니까 가장 멋진 고리를 가진 행성으로 가 볼까? 간단히 말해서 토성은 어떠니? 61걸음을 가서 다시 새끼손톱을 바라보렴. 토성은 목성보다 조금 더 작아. 여기서 또 135걸음을 가면 천왕성에 도달해. 해왕성은 다시 150걸음을 가야 하고, 해왕성에서 명왕성까지는 다시 130걸음이야. 그러니까 너희가 태양에서 명왕성까지 걸은 거리를 합하면 약 550걸음이 돼. 안나야, 루카로부터 550걸음 떨어져서 동생의 주먹이 얼마나 작은지 한번 보렴! 방금 우리가 만났던 행성들의 크기를 다시 떠올리면 태양계가 얼마나 크고 행성은 얼마나 작은지를 가늠할 수 있어. 행성들이 너무 작아서 우리가 지나온 공간은 텅 비어 있는 거나 마찬가지야."

"이모, 이모는 내가 평소에도 이런 식으로 몇 걸음 갔는지 세고 놀라면서 다녀야 한다고 생각해?" 내가 약간 빈정대며 물었어.

"멋진데. 한번 해 보자!" 루카는 신나서 바로 대답했어.

고속도로 위에 태양계가 있다고 상상해 보자

나는 어이없다는 표정으로 루카를 바라봤어. 하지만 곧 루카의 제안을 흔쾌히 받아들이지 않은 게 약간 미안해져서 다시 물었어. "그래, 밀라노에 명왕성이 있고 피옴비노에 태양이 있다고 치자. 그렇다면 명왕성의 크기는 얼마나 되고 나머지 다른 행성들은 어디에 있을까?"

"오, 이런." 이모가 대답했어. "그럼 계산을 좀 해 봐야겠구나. 태양계 내의 거리를 측정하기 위해 천문학자들은 킬로미터를 사용하지 않아. 그 대신 천문단위(AU)라는 새로운 측정 단위를 만들어 냈지. 1천문단위는 지구와 태양 사이의 평균 거리와 같단다. 약 1억 5000만 킬로미터야. 이 단위를 사용하면 행성 사이의 거리를 나타내는 수치가 훨씬 작은 숫자로 줄어들어서 이해하기가 수월해. 예를 들어 지구는 태양으로부터 1천문단위 떨어져 있어. 화성은 약 1.5천문단위, 목성은 5천문단위, 토성은 9천문단위, 천왕성은 19천문단위, 해왕성은 30천문단위 그리고 명왕성은 39.5천문단위 떨어져 있지. 참고로 방금 이 수치들은 그냥 기억나는 대로 대략 말한 거야. 참! 수성은 태양으로부터 0.4천문단위. 금성은 0.7천문단위 떨어져 있어."

"간단하게 설명해 줘, 이모. 어차피 우린 대략적인 그림을 알려고 하는 거야." 이모가 운전 중인데도 집중하려고 눈을 감는 걸 본 루카가 걱

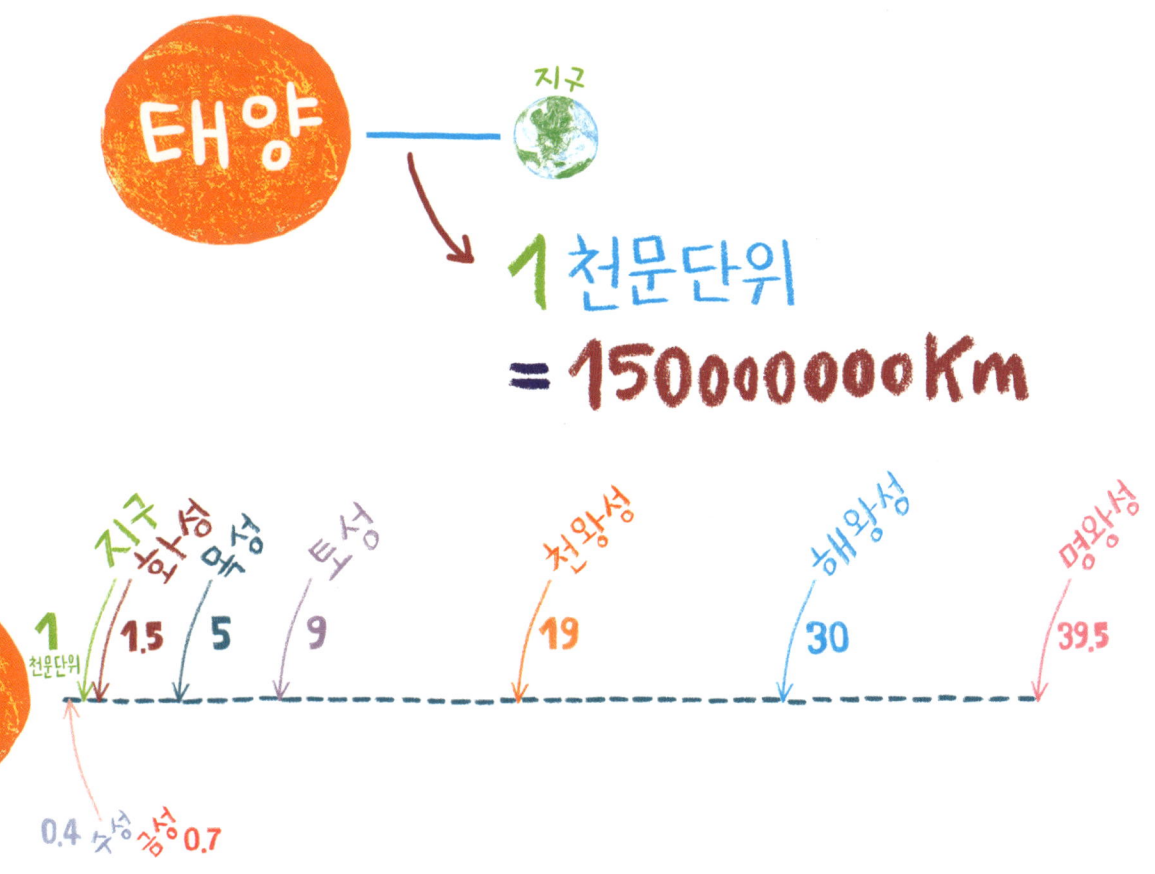

정스러운 표정으로 말했어.

"태양계를 밀라노와 피옴비노 사이의 거리로 줄였다고 상상해 봐. 어디 보자……. 밀라노와 피옴비노 사이가 일직선으로 약 300킬로미터지. 내가 밀라노로 이사 올 때 당시 남자 친구 집에서 얼마나 멀어지는지 계산했었기 때문에 기억하고 있어. 여기에서는 1천문단위가 몇 킬로미터와 같은지를 이해해야 해."

"이모가 아까 1천문단위는 1억 5000만 킬로미터와 같다고 했잖아." 루카가 졸린 목소리로 말했어. 잠이 오는 게 확실해.

"실제로는 그렇지. 하지만 지금 태양계를 밀라노와 피옴비노 사이에

구겨 넣으려고 하고 있잖니. 이건 마치 지도를 그리는 것과 같아. 지도 위 1센티미터가 실제 거리로는 몇백 미터가 될 수도 있지. 우리 지도는 밀라노에서부터 피옴비노까지니까 몇 천문단위가 우리 지도의 1킬로미터에 해당하는지를 알아야 해. 300킬로미터를 39.5천문단위로 나누면 돼. 결과는 한 천문단위당 7.5킬로미터. 그러니까 우리가 고속도로에서 7.5킬로미터를 달릴 때마다 태양계에선 1천문단위만큼 이동한 게 돼."

"그렇게 말하니까 우리가 우주선을 타고 날아가는 것 같아."

"피옴비노와 약 20킬로미터 떨어진 산빈첸초 지역은 목성과 화성 사이쯤이라고 할 수 있어. 바로 소행성대가 있는 곳이야!"

"뭐라고? 우린 거의 다 왔는데 아직 목성과 화성 사이란 말이야?"

"당연하지! 내가 걸음으로 설명해 주었지? 태양에서 목성까지의 행성들은 그보다 바깥에 있는 행성들보다 서로 간의 거리가 매우 가까워. 그 거리에 비해 크기는 정말 작지."

"그럼 이제 곧 화성에 도착하겠어! 내 계산이 맞다면 할아버지 집까지 10킬로미터 정도 남은 거지? 어디로 갈까?"

"바다로 가자!" 루카가 소리쳤어. "우리가 여름에 가는 스테르파이아에 있는 소나무 숲으로!"

300 Km (밀라노에서 피옴비노까지의 거리)
÷ 39.5 천문단위
= 7.5 Km

우리의 자동차 여행에서
7.5킬로미터는 태양계에서
1천문단위와 같아.

밀라노
(명왕성)

아악아악

산빈첸초
이모의 계산과 축척에
따르면……
우리는 목성과 화성
사이에 있어!!

피옴비노
(태양)

"소나무 숲이라. 그 정도 거리는 가 볼 만하겠다." 이모가 말했어. "이건 출발지와 도착지를 마음대로 바꿔서 해 볼 수 있어. 예를 들어 밀라노에서 베네치아까지, 혹은 로마에서 피렌체, 시칠리아에서 토리노까지. 너희가 해야 할 일은 출발지에서부터 도착지까지 몇 킬로미터 떨어져 있는지를 알아보고 그걸 39.5천문단위로 나누는 거야. 작년에 로마에서 레체까지 비행기를 탔던 거 기억나니?"

"완전 끔찍한 여행이었잖아. 그걸 누가 잊겠어?" 루카가 대답했어.

"직선으로 계산하면 약 500킬로미터 거리이니까 그걸 39.5천문단위로 나누면……."

"이모, 제발 그만해. 대충 이해했어. 이제 바다로 갈래!" 내가 이모를 설득했어.

그렇게 해서 이모의 로제타와 나, 루카는 또다시 바다를 마주한 채 차가운 모래 위에 서 있게 되었어. 여느 때처럼 별로 가득한 하늘이 우리 위에 있어. 이젠 나도 우주에 대한 자신감이 생겼어. 두 곰자리, 머리털자리, 처녀자리는 동쪽에서 서쪽으로 이동하며 북극성 주위를 한 바퀴 돌았어. 또 내가 알고 있는 게 뭘까? 화성은 완전히 사라졌고, 동쪽으로 많이 내려와 있긴 하지만 은하수가 아까보다 훨씬 더 잘 보여. 그런데 달이 아직 안 보여. "이왕 이렇게 된 거 새벽까지 기다려야겠다." 나도 모르게 말했어.

"동이 트려면 아직 30분 정도 남았어, 얘들아." 이모가 말했어. "문제는 이 해변의 방향이 일출을 보기에 별로 좋지 않다는 거야. 우리는 남

쪽을 향해 있는데 태양은 동쪽에 있는 그로제타노 언덕 위로 떠올라서 아미아타 산 위로 옮겨 가지. 그러니까 우리는 바다 위로 떠오르는 태양을 보지는 못할 거야. 춥진 않니?"

"그런데 달은 어디로 갔어?" 루카가 대화 주제를 바꿔 버렸어. "밤새 안 보였어."

"달은 아직 안 떴어. 며칠 있으면 초승달이 되는 때라서 오늘 밤에는 아주 작은 그믐달이 뜰 거야."

"오늘 밤이 아니라 아침이겠지." 루카가 말했어. "난 아침밥을 먹고 싶어." 루카가 말하는 사이에 나는 파도가 일렁이는 바다에 조금 더 가까이 다가갔어. 바다는 마치 잠자고 있는 것처럼 조용했어.

"이모. 달에는 물이 있을까?"

달 이야기

"달에 물이 존재하는지 아닌지 아직 몰라. 많은 사람들, 특히 언젠가 달을 다시 방문하길 꿈꾸는 우주 비행사들은 달에 물이 있기를 간절히 바라지. 그들은 신선한 물이 나오는 우물을 상상할 거야. 그러면 굳이 지구에서 물을 가지고 가지 않아도 되니까."

"지구에서 물을 조금 가져가는 데 문제라도 있어?" 루카가 물었어.

"우주 왕복선을 쏘아 올릴 때면 과학자들은 실험을 위한 각종 기계와 도구를 최대한 실으려고 하고, 기술자들은 우주 왕복선을 더 튼튼하게 만들거나 조종하기 쉽게 도와주는 장치를 추가하려고 해. 하지만 우주 비행사들은 물과 코코아, DVD처럼 우주에서도 잘 지낼 수 있도록 해 주는 개인 물품을 챙겨 가고 싶어 해. 그래서 과학자와 기술자, 그리고 우주 비행사들이 한 식탁에 둘러앉아 마치 여행을 떠나는 가족처럼 우주에 무엇을 가지고 갈 것인지를 의논하지. 우주 비행사 한 명당 물 1리터를 추가로 가져가려면 과학 실험 도구 하나와 바꿔야 해. 달에 물이 있다면 물이 공급되는 기지를 세울 수 있고, 우주 비행사들이 매일매일 탐사를 다녀와서 샤워도 할 수 있을 거야."

"난 한 달이나 씻지 않을 수 있어!" 루카가 갑자기 끼어들며 말했어. 저 말은 사실이야. 내가 보증할 수 있어.

"하지만 아까 이야기했던 것처럼 아직까지 달에 물이 있는지 없는지는 확실하지 않아. 앞으로 몇 년 안에 달의 분화구로 내려가서 암석 표본을 채취해 지구로 가져오거나 그 자리에서 분석을 할 수 있는 로봇을 보낼 거야."

"왜 하필 분화구로 내려가는데?"

"분화구 안쪽 깊숙한 곳까지는 태양빛이 뚫고 들어가지 못하기 때문이야. 분화구가 마치 냉동실처럼 얼음을 보관하고 있을 수도 있지. 달에는 물을 새로 공급하는 비가 내리지 않으니까 분화구 안의 물은 아주 오래된 것일 거야. 어쩌면 혜성이 실어 온 물일 수도 있겠지. 지구로 치면 공룡들이 마시던 물을 발견하는 일과 같아." 이모가 대답했어.

"티라노사우루스가 사냥하고 나서 입안을 헹구던 물일 거야." 루카가 말했어.

"윽, 더러워!" 나는 귀를 막고 고개를 돌리며 소리쳤어. 사실은 웃음이 나오는 걸 루카가 보지 못했으면 했거든.

저쪽에서 벌써 동이 트고 있어. 새벽이 왔어.

남은 이야기

드디어 도착했어! 하지만 그 전에 우리는 고대 에트루리아인들의 무덤을 보기 위해 피옴비노 곶의 반대편에 위치한 바라티 만에 들렀어. 할아버지 댁에서 약 7킬로미터 떨어져 있으니까 이모가 가르쳐 준 게임에서는 1천문단위 거리야. 딱 지구 위에 있는 거네. 몇천 년 전 에트루리아인들도 여기에 살았다는 게 마음에 들어.

보비오 광장의 등대를 보고 있어.

피옴비노에 가까워지면서 금성과 수성도 지나갔어. 딱 한 번 시속 50킬로미터를 넘겼던 구간인데, 로제타가 속도 위반 카메라에 찍혔을 것 같아. 이제 피옴비노의 보비오 광장에 도착했어. 태양에 도착한 셈이야. 이곳에는 피옴비노와 엘바 섬 사이를 오가는 선박들을 위한 등대가 있어.

"내가 알기로 이곳은 바다 쪽으로 300미터나 뻗어 들어간 천연 암석 위에 지어진 유일한 광장이야. 꼭대기에는 등대가 있지. 멋지지 않니?" 로제타에서 내려 기지개를 켜면서 이모가 말했어. 루카는 다시 뒷좌석에 쓰러져 잠들었어.

참 길고 이상한 여행이었어. 밤을 꼴딱 새긴 했지만 시간이 빨리 지나갔지. 우리는 우주에 대해 많은 이야기를 나누었어. 지금은 아직까지 보지 못한 것들에 대한 궁금증이 남았어. 오늘 밤에 관찰한 것들을 이모랑 한번 되짚어 보는 것도 좋겠어. 저기 이모가 보여. 다시 자동차로 돌아가서 거울을 보며 머리를 다듬더니 남자 친구에게 문자 메시지를 보내고 있어.

"안나야, 피곤하니?" 이모가 물었어.

나는 고개를 저었어. 사실 피곤하진 않았어. 햇빛이 평소보다 센 것처럼 느껴져서 조금 어지럽긴 해. 어쩌면 내 눈이 너무 오랫동안 어둠에 익숙해져서 그럴지도 몰라. 이모의 핸드폰 벨 소리가 울렸어.

"여보세요? 안녕, 니코. 내 사랑. 이 시간에 벌써 일어난 거야? 밀라노 날씨는 어때?"

"'니코, 내 사랑?' 이모 남자 친구 이름은 로렌초 아니야?" 내가 크게 웃으며 소리쳤어. 이모도 붉어진 얼굴로 나를 보며 웃기 시작했어.

작가의 글

이모와 두 조카의 이야기인 이 책의 감사 인사에서 데이지 이모와 삼총사 조카를 빠뜨릴 수 없죠. 물론 우리가 좋아하는 도널드 덕도 착한 조카이자 좋은 삼촌이에요. 스크루지 맥덕 삼촌은 내가 가장 좋아하는 인물이고요. 도널드 덕 가족 말고도 피옴비노와 그 주위에 사는 가족들도 빼놓을 수 없습니다. '큰 삼촌'이라 불리는 니노 삼촌, 피노와 클라우디오 삼촌, 지셀라와 루치아 숙모들 이야기를 하고 싶었어요. 이 책에 나오는 카밀라 이모 안에는 이분들의 모습이 모두 조금씩 녹아 있습니다.

우리 아이들의 이모인 안나리사에게도 고마운 마음을 남깁니다. 조카 니코와 로리에게도 고마운 점이 많습니다. 조카들 덕분에 제가 삼촌이 될 수 있었고, 이 책을 쓸 때도 이 아이들을 많이 떠올렸으니까요. 루카의 성격은 니코한테서 가져왔고, 수다스러운 모습은 로리한테서 가져왔습니다. 둘 다 멋진 아이들이에요.

나의 빅뱅인 아버지와 어머니에게도 감사 드립니다.

이 책의 과학적 오류와 실수를 점검해 준 클라우디아, 에밀리오, 엘리사, 프란체스카, 주세페, 루이지, 마르첼라, 마르코, 마우로, 실비아, 이렇게 10명의 천체 물리학자에게도 감사 드립니다. 책의 내용 중 완전치 못하게 남아 있는 것들은 물론 내 책임입니다. 다만, 그들이 얼마나 많은 도움을 주었는지 직접 보여 드리지 못해 안타까울 뿐입니다.

밀라노라는 도시는 특별히 저에게 많은 영감을 주었습니다.

전 세계의 괴짜들에게도 감사 드립니다. 다행히 아직 많은 괴짜들이 남아 있습니다. 하지만 이제 그들을 찾는 건 여러분의 몫으로 남기겠습니다.

여행 중에 만났던 별들

천문학에 대해서 궁금한 점을 써 봐!

찾아보기

ㄱ
가스 구름　39, 71쪽
광구　23쪽
광년　62쪽
구상 성단　69쪽
궤도　94쪽
금성　96, 118쪽

ㄴ
나선팔　68쪽
나선 은하　68쪽

ㄷ
달　124쪽

ㅁ
메탄　24, 102쪽
명왕성　95, 104, 118쪽
목성　92, 96, 99, 118쪽

ㅂ
백색 왜성　35, 58쪽
별　23쪽
별자리　56, 64쪽
북극성　56, 62쪽
블랙홀　46쪽
빅뱅　80쪽

ㅅ
산소　31, 42쪽
산화 탄소　102쪽
성운　35쪽
소행성　97쪽
수성　96, 118쪽
수소　29, 42, 84쪽
승화　100쪽

ㅇ
아미노산　107쪽
암흑 물질　87쪽
연금술　37쪽
오르트 구름　106쪽
왜소 은하　77쪽
왜행성　93쪽
원시 행성(미행성)　71, 98쪽
원자　26쪽
원자핵　29쪽
우주의 팽창　82쪽
위성　92쪽
은하계　64쪽
은하군　77쪽
은하수(우리 은하)　64쪽
은하핵(팽대부)　68쪽

ㅈ

적색 거성　30쪽

점성술　15쪽

중력　86쪽

중성자별　59쪽

지구　34, 78, 96, 107, 118쪽

질량　42쪽

질량-에너지 변환 공식　29쪽

ㅊ

천문단위　118쪽

천문학　15쪽

천왕성　96, 118쪽

초신성　36쪽

ㅋ

카이퍼 벨트　105쪽

코마　103쪽

큰수레자리(북두칠성)　56, 62쪽

ㅌ

탄소　31, 42쪽

탈출 속도　46쪽

태양　20, 118쪽

태양계　90쪽

토성　92, 96, 118쪽

트로이 소행성군　99쪽

ㅎ

해왕성　96, 104, 118쪽

핵분열　28쪽

핵융합　28쪽

행성　93쪽

헬륨　29쪽

혜성　100, 104쪽

화성　53, 96, 100, 118쪽